VADE-MECUM

DE

L'OFFICIER AU TONKIN

RECUEIL DE RENSEIGNEMENTS UTILES

SUR LA VIE DES POSTES DANS LES RÉGIONS MONTAGNEUSES

A L'USAGE DES EUROPÉENS
ALLANT DÉBUTER DANS NOTRE NOUVELLE COLONIE
D'EXTRÊME-ORIENT

PAR

Henri GALLAIS

Lauréat de la Société Nationale d'Encouragement au Bien

PARIS

AUGUSTIN CHALLAMEL, ÉDITEUR

LIBRAIRIE COLONIALE

5, RUE JACOB, ET RUE FURSTENBERG, 2

1895

8° L.k. 10
347

VADE-MECUM

DE

L'OFFICIER AU TONKIN

TYPOGRAPHIE FIRMIN-DIDOT ET Cie. — MESNIL (EURE)

VADE-MECUM

DE

L'OFFICIER AU TONKIN

RECUEIL DE RENSEIGNEMENTS UTILES

SUR LA VIE DES POSTES DANS LES RÉGIONS MONTAGNEUSES

A L'USAGE DES EUROPÉENS
ALLANT DÉBUTER DANS NOTRE NOUVELLE COLONIE
D'EXTRÊME-ORIENT

PAR

Henri GALLAIS

Lauréat de la Société Nationale d'Encouragement au Bien

PARIS

AUGUSTIN CHALLAMEL, ÉDITEUR

LIBRAIRIE COLONIALE

5, RUE JACOB, ET RUE FURSTENBERG, 2

1894

INTRODUCTION.

Je n'ai certainement pas eu la prétention, en entreprenant de faire ce petit volume, d'écrire un nouveau livre sur le Tonkin, ne me reconnaissant aucun talent pour cela ; cette tâche étant devenue passablement ardue après tout ce qui a déjà été dit et écrit sur ce pays que les uns ont trop vanté, et dont les autres ont raconté le plus de mal qu'il a été possible, je ne me sens en effet nullement assez bien doué pour la tenter.

En tout et pour tout, il faut savoir plaider le pour et le contre, et montrer de la modération, aussi l'exagération des premiers à exalter notre jeune Colonie, a-t-elle été aussi nuisible à sa prospérité que le parti pris des derniers à la dénigrer.

Or, la masse des Français qui ne connaît pas le Tonkin, et qui cependant voudrait bien le connaître, n'a pu jusqu'alors tirer aucune conclusion de toutes ces controverses ; elle demande la lumière et jusqu'à ce jour on ne lui a jamais donné que la confusion.

Mon seul but a donc été en faisant ce volume, dégagé de toute espèce de parti pris et écrit avec la plus entière bonne foi, de mettre à la disposition de tous ceux qui se destinent à aller dans l'avenir en Extrême-Orient, l'expérience et les connaissances qu'il m'a été donné d'acquérir pendant mes différents séjours dans notre nouvelle Colonie.

Pour cela, je vais commencer par tâcher d'exposer le plus brièvement possible la situation actuelle au Tonkin.

Je n'ai pas à faire ici le procès du Tonkin. Il est avéré pour tous aujourd'hui, que la conquête du pays est faite, terminée, il est vrai, par la malheureuse affaire de Lang-Son, affaire ténébreuse entre toutes, complètement enterrée maintenant, à laquelle il ne faut même plus penser, vu l'impossibilité de découvrir l'exacte vérité.

Il est donc admis, même par les plus récalcitrants, que la conquête définitive date de 1885 ; à cette époque finit la grande guerre et commence la période de pacification.

Il restait encore bien alors quelques débris de l'armée Chinoise sur le Haut Fleuve Rouge, au-dessus d'Hung-Hoa par exemple, dernières épaves des troupes régulières du fameux Lu-Vinh-Phoc, qui étaient restées dans la région haute, parce que nous n'occupions pas encore tout le pays jusqu'à la frontière.

La colonne du Haut Fleuve Rouge, au commencement de 1886, sur Than-Quan et Lao-Kay, à la suite de laquelle nous avons pris définitivement possession de toute cette région, en installant des postes sur cette grande route de Chine, tels que : Cam-Khé, Than-Quan, Bao-Ha et depuis Yen-Baï, pour ne parler que des principaux, et en nous établissant à Lao-Kay sur la frontière même, a chassé devant elle ces retardataires, qui ont dû rentrer en Chine pour la plupart, en laissant bon nombre des leurs tombés sous les coups de nos vaillantes troupes.

Il en a été de même au-dessus de Lang-Son ; on

a dû refouler devant soi pendant les années 1886 et 1887, les traînards de l'armée régulière Chinoise qui, après la signature du traité de paix, avaient trouvé bon de ne pas repasser la frontière et de continuer à vivre sur le pays, jusqu'à ce que nous ayons occupé militairement Cao-Bang et établi des postes dans toute cette région.

Depuis cette époque, contre quel ennemi avons-nous donc eu à lutter, soit dans le Delta, soit dans les régions montagneuses?

Contre de simples contrebandiers, contre des bandes de pillards.

Dans le Delta, ces bandes étaient spécialement composées d'Annamites, et commandées par des chefs annamites.

Chaque bande avait son territoire bien déterminé et vivait sur le pays, y prélevant l'impôt, et allant piller les villages qui refusaient de payer la rançon.

Mais il ne fallait pas qu'un chef de bande se permît d'aller sur les brisées de son voisin, car alors c'était la guerre ouverte entre les deux bandes.

Malheureusement pour nous cela n'arrivait pas souvent, notre tâche en eut été singulièrement simplifiée ; n'ayant qu'à juger des coups, la pacification du Delta n'en aurait été que plus rapidement faite.

Bien au contraire, il leur arrivait quelquefois de se réunir à plusieurs bandes pour nous combattre.

Dans les régions montagneuses, les bandes étaient parfois composées d'Annamites et de Chinois, mais le plus souvent de Chinois, commandés par un Chinois ou un Métis, c'est-à-dire fils de père chinois et de mère annamite.

Ces différentes bandes affiliées ensemble avaient pour ainsi dire des relations commerciales entre elles.

Celles de l'intérieur allaient à certains points déterminés sur les confins du Delta, pour y échanger le produit de leurs rapines, (femmes, enfants, buffles, etc.) contre l'opium des bandes des régions montagneuses, si ces dernières ne pouvaient les payer en argent.

Lorsque les Chinois avaient pu rassembler tout ce qu'il leur fallait pour organiser un convoi, ils allaient jusqu'à la frontière, où ils trouvaient des intermédiaires auxquels ils vendaient tout leur butin.

Leurs échanges faits, les Annamites redescendaient dans le Delta, où ils trouvaient facilement à écouler leur opium.

Le produit de ce commerce servait d'un côté comme de l'autre à payer les hommes de la bande, ainsi qu'à l'achat des armes et des munitions, les chefs ayant toutefois commencé, bien entendu, par s'en attribuer une forte part.

L'ennemi que nous avons à combattre au Tonkin depuis sept ou huit ans, n'est donc pas un patriote qui défend le sol national.

Non. C'est un vulgaire contrebandier, un pirate qui a toujours vécu de cette manière et qui ne demanderait qu'une chose, qu'on voulût bien le laisser continuer son genre de commerce.

Il n'y a réellement qu'au Thanh-Hoa où nous ayons eu à lutter contre des patriotes, se battant pour l'ancienne dynastie.

Ceux-là étaient de vrais partisans, et avaient pour chef Thuyet.

Leur résistance opiniâtre à Ba-Dinh en janvier 1887, où ils ont soutenu un siège de plus de trois semaines, tenant nos troupes en échec, le prouve assez d'ailleurs.

Mais la place réduite à la longue, étant enfin tombée entre nos mains, la marche immédiate, sur Ma-Cao, où ceux des assiégés qui avaient pu s'échapper voulaient se reformer, nous a permis d'arriver assez à temps pour contrarier leurs projets, et les empêcher de s'y installer pour renouveler la résistance qu'ils nous avaient faite à Ba-Dinh, en prenant le nouveau fort après un combat de quelques heures.

Depuis ce jour-là, le grand coup avait été porté, le fameux parti était à l'agonie, peu de temps après en effet, il n'existait plus.

Cet ennemi n'est pas un fanatique non plus, car quoique l'on trouve dans les villages annamites un nombre considérable de pagodes, qu'il y ait même dans la construction de ces pagodes un certain luxe comparativement aux cases très misérables des indigènes, il ne faut pas en conclure que le peuple Tonkinois est foncièrement religieux.

Non. Il est surtout superstitieux.

C'est pourquoi il est même à remarquer que dans ce pays où le vol est élevé à la hauteur d'une institution, l'Annamite ne prendra rien dans une pagode, malgré son tempérament pillard.

Les pirates eux-mêmes ont toujours épargné les pagodes pour lesquelles ils montrent un très grand respect.

La religion de Bouddha est d'ailleurs très large, et les cérémonies religieuses ont surtout pour but généralement de donner lieu à de nombreuses agapes.

Aussi, les missionnaires français et espagnols qui catéchisent dans le pays trouvent-ils assez facilement des adeptes.

Il est vrai de dire que c'est surtout l'intérêt qui guide les Indigènes et qui les pousse à faire leur conversion, et qu'en réalité, pour ces néophytes, leur nouvelle religion n'est qu'un simple mélange de Christianisme et de Bouddhisme.

L'Annam depuis fort longtemps est tranquille, le Delta lui-même est maintenant complètement pacifié, il y a peut-être encore bien un peu de piraterie de village à village, mais cela est dans le sang, le Tonkinois naît en effet pirate, c'est-à-dire voleur.

On dit généralement en France : Grattez un Russe vous trouverez un Cosaque ; l'on pourrait dire encore mieux : grattez un Annamite vous trouverez un pirate.

A tel point, qu'avant de donner à un chef de village qui la demande, l'autorisation d'avoir quelques fusils pour se garder, l'autorité supérieure doit toujours s'assurer au préalable, autant que cela lui est possible, que ce village ne se servira pas de ses armes pour aller piller le village voisin qu'il saura n'être pas armé.

Si l'on prend l'Annamite individuellement, il en sera absolument de même.

On va chercher par exemple un Indigène dans son village pour en faire un Garde civil voire même un tirailleur Tonkinois ; lorsqu'il aura un fusil entre les mains, il pourra se faire donner tout ce qu'il voudra par la population.

Lorsqu'il possède une arme, ou qu'il est fonctionnaire, car l'Annamite aussi bien que le

Français de nos jours, recherche le fonctionnarisme, il se croit obligé de se donner des airs d'autorité sur ses compatriotes.

Aussi, est-ce le devoir impérieux de tous ceux qui sont appelés à commander les troupes indigènes d'exercer sur elles, dès les débuts, une surveillance de tous les instants pour bien les former à nos mœurs.

Les populations supportent d'ailleurs très volontiers cet état de choses, et les habitants d'un village où une troupe aura cantonné par exemple, ne viendront jamais se plaindre directement au commandant de cette troupe, qu'un de ses hommes a pris un poulet sans le payer ou ne l'a payé qu'un prix tout à fait dérisoire, bien qu'au moment du départ celui-ci ait fait demander au Li-Truong (maire) quelles sont les réclamations qu'il a à lui adresser.

Ce notable, quoique connaissant parfaitement le fait, répondra toujours par la négative.

On comprend cela jusqu'à un certain point des populations rurales qui, ne voyant qu'assez rarement nos troupes, et qui, en somme, ne connaissant pas nos mœurs, peuvent croire que comme les pirates nous avons l'habitude, nous aussi, de vivre sur le pays.

Mais des Annamites qui sont dans les grands centres ou qui, depuis les débuts de la conquête, vivent constamment avec nous, et sont par conséquent initiés à notre manière de faire, comme les boys par exemple, cela est moins compréhensible.

Que pouvons-nous donc en conclure?

Que ce peuple qui a eu à une certaine époque des vertus guerrières, car son histoire nous montre qu'il a été autrefois un peuple conquérant, est tombé en complète décadence.

Qu'habitué depuis très longtemps à avoir un maître, il est dégénéré à tel point que, bien que notre race se rapproche moins de la sienne que celle du Chinois, après avoir supporté la domination de ce dernier, il subit actuellement la nôtre : l'une ou l'autre, peu lui importe!

Aussi, pourquoi le peuple annamite n'a-t-il pas le moins du monde le sentiment de l'économie?

Parce qu'il sait bien que lorsqu'il aura quelques piastres, son voisin les lui prendra à la première occasion, de là cette habitude du jeu si profondément ancrée dans les mœurs du peuple Tonkinois, et c'est pourquoi il n'est pas rare de voir les Indigènes sortir des maisons de jeu dans le costume le plus primitif, ayant joué jusqu'à leur dernier vêtement.

Cette race est très assimilable, son peuple étant très sobre, laborieux, intelligent et de mœurs très douces, il est à croire qu'à notre contact elle prendra toutes nos qualités, (mais hélas! peut-être pas aussi vite que nos défauts) et qu'après plusieurs générations, le sang Tonkinois s'étant complètement régénéré, cet instinct du vol qui paraît aujourd'hui chose toute naturelle chez ce peuple, où le voleur d'aujourd'hui est destiné à être le volé de demain, aura définitivement disparu et deviendra partout un objet de profonde horreur.

L'armée régulière n'a donc plus rien à faire dans cette partie du Tonkin, puisqu'il n'est pas dans ses attributions de réprimer ces délits.

Là précisément commence le rôle de la Garde civile indigène mise dans chaque province à la disposition des Résidents.

Mais malheureusement au lieu d'employer la Garde civile indigène à faire la police, ce à quoi elle était primitivement destinée, on a voulu trop souvent lui faire faire des opérations militaires, et les résultats n'ont pas toujours été ceux qu'on avait espérés.

Le Delta est actuellement sillonné de nombreuses routes allant dans toutes les directions; la surveillance est donc devenue plus facile.

Pourquoi n'a-t-on pas depuis longtemps adopté ce système de faire de nombreuses voies de communication pour tenir le pays?

Il y a déjà bien des années, lorsque les rênes du gouvernement étaient encore entre les mains du Général Commandant en Chef le Corps d'Occupation du Tonkin, il était tout spécialement recommandé aux Chefs de poste de faire travailler aux routes.

Chaque année, après la récolte du riz, c'est-à-dire pendant la saison sèche, les villages devaient fournir des corvées pour ce travail, comme chez nous les prestations, et cela était très facile dans le Delta où la population est très dense.

Il s'agissait donc simplement de faire comprendre aux autorités Indigènes l'importance qu'il y avait pour les populations d'avoir le plus de chemins possible, sillonnant le pays dans tous les sens, qui permettraient aux troupes, tenant garnison dans les nombreux postes militaires du Delta à cette époque, de se porter très rapidement d'un point à un autre, partant, d'arriver à temps au secours des villages que les bandes pirates viendraient piller.

A l'arrivée du pouvoir civil, les Chefs de poste n'ayant plus aucun droit sur les autorités annamites, on a abandonné ce système et complètement négligé les routes.

On a bien, il est vrai, fait quelques grandes routes d'un centre important à un autre, mais pas de chemins reliant les villages les uns aux autres, ce qui était le plus important au point de vue de l'occupation complète du pays.

Dans ces derniers temps, on est enfin revenu des anciens errements, et on a repris le système de pacification que je voudrais voir préconiser, car faire des routes est le moyen le plus sûr de tenir un pays, en même temps que celui qui coûte le moins cher en argent et surtout en hommes ; et c'est assurément à son grand nombre de voies de communication que le Delta doit actuellement sa grande tranquillité.

On a déjà commencé depuis quelques années à faire des voies de communication en dehors du Delta, mais le pays étant généralement abandonné, cela devient plus difficile.

Faute de bras dans les régions montagneuses, on est donc obligé d'en prendre dans les provinces qui sont limitrophes et même dans le Delta.

Or, l'Annamite du Delta n'aime pas à se déplacer et surtout à quitter son pays pour aller dans la montagne.

On rencontrera certainement de très grandes difficultés, et de toutes sortes, pour faire des routes dans ces régions ; mais il faudra en venir là cependant, si l'on veut arriver à anéantir complètement les bandes qui y ont encore leurs repaires.

Car si les bandes du Delta ont été à peu près totalement détruites, celles des régions montagneuses existent toujours, diminuées, il est vrai, mais elles existent néanmoins, et vu les obstacles naturels que rencontrent à chaque pas nos troupes dans ces pays difficiles, il est à craindre que cet état de choses ne dure encore fort longtemps.

Les bandes pirates éviteront toujours les grandes voies de communication, lorsqu'elles auront un convoi à faire passer; elles rechercheront au contraire les sentiers les moins praticables, qui sont peu fréquentés et où elles ne risqueront as de prencontrer nos troupes.

Je ne cesserai donc pas de recommander de faire des routes, plus il y aura de routes, plus tôt ces bandes disparaîtront, et la tranquillité renaissant bientôt dans tout le pays, les habitants viendront reconstruire leurs villages qu'ils ont dû abandonner il y a plus de vingt ans lors de l'invasion des Taï-Pings, et se remettront à cultiver cette grande étendue de terrain restée inculte, envahie par la brousse, où l'on ne voit plus l'emplacement des villages que par les quelques touffes de bambous qui subsistent encore, comme pour montrer que là était anciennement leur enceinte extérieure.

Il ne faut pas croire en effet que cette partie du Tonkin est aujourd'hui déserte par suite de notre occupation ; elle était déjà inhabitée bien antérieurement à notre conquête.

J'ai dit plus haut que les bandes existaient toujours dans les régions montagneuses, en ajoutant intentionnellement : *diminuées, il est vrai.*

Je ne crois pas en effet, qu'elles aient pu augmenter depuis sept ou huit ans.

On veut bien parler d'infiltration Chinoise, mais il y a certainement là beaucoup d'exagération ; sans être trop optimiste, il ne faut pas non plus être trop pessimiste.

Ceux qui vivent au Tonkin depuis longtemps déjà, n'ignorent pas que chaque année, à peu près à la même époque, certains bruits se reproduisent plus ou moins fondés, mais qui, colportés de bouche en bouche, finissent bientôt par prendre quelque consistance.

Les nouveaux débarqués n'ayant encore aucune notion sur le pays y ajoutent immédiatement foi, tandis que les vieux Tonkinois plus au courant des choses les voient plus froidement et les estiment à leur juste valeur.

A eux donc, de mettre leurs camarades en garde dès le jour même de leur arrivée contre un *emballement* si naturel à notre tempérament de Français, car il faut bien le reconnaître, nous pécherons toujours par le manque de sang-froid.

A mon humble avis, il n'y a donc pas plus de pirates chinois aujourd'hui qu'il y a quelques années, et je dirai même, il y en a moins.

Lorsqu'on parle de bandes Chinoises, on est généralement porté à grossir le nombre d'hommes en armes, car personne n'ignore qu'il y a toujours au moins deux hommes pour un seul fusil, et de plus, les émissaires qui nous donnent ces renseignements, le plus souvent des Annamites, exagèrent aussi beaucoup quelquefois, comprenant les coolies porteurs dans l'effectif de ces bandes.

On prétend en outre que la Chine n'observe pas ou observe mal les clauses des traités, et qu'elle envoie ses soldats réguliers en maraude sur le territoire Tonkinois.

Il est très possible en effet que quelques réguliers Chinois licenciés viennent se joindre aux bandes pirates, sans que pour cela le Tsong-Li-Yamen puisse cependant en être rendu responsable.

Le Gouvernement chinois rencontre lui-même autant de difficultés à réprimer la piraterie au delà de la frontière, que nous sur notre territoire, les bandes passant successivement sur l'une ou l'autre frontière, selon qu'elles se trouvent être plus inquiétées d'un côté que de l'autre.

Et ce sont précisément ces passages successifs des bandes d'une frontière à l'autre, qui font croire à une recrudescence de la piraterie, et donnent naissance à tous ces bruits dont j'ai parlé plus haut.

Ceux qui les colportent peuvent certainement être de bonne foi, et la marche même de ces bandes vers l'intérieur, car ne pouvant vivre à proximité de la frontière où le pays est complètement désert, elles sont obligées de descendre dans une région plus peuplée, où elles pourront trouver plus facilement à vivre, semble leur donner quelque vraisemblance.

Mais malheureusement lorsque ces bruits arrivent dans le Delta, dans les grands centres, ils se trouvent grossis de telle façon, que les esprits quelque peu timorés voient là de suite une invasion Chinoise.

Il nous est d'ailleurs très difficile de pouvoir atteindre ces bandes, dans la région de Cao-Bang surtout, à cause de la proximité de la frontière, car se réfugiant généralement sur la frontière Chinoise à l'arrivée d'une forte colonne, elles repassent immédiatement sur notre territoire après le départ de nos troupes.

Il faudrait donc pour arriver à l'extinction complète de la piraterie dans ces contrées, obtenir par voie diplomatique du Gouvernement chinois, qu'il donnât des instructions à ses commandants de poste sur cette frontière, de s'entendre avec l'autorité militaire française pour faire des opérations simultanées de chaque côté de la frontière pour tâcher de prendre ces bandes entre deux feux.

Je ne veux certainement pas prétendre que par ce moyen on arrivera à les détruire d'un seul coup, mais ces opérations étant répétées assez fréquemment, les bandes moins tranquilles dans leurs campements qu'elles devront constamment transporter d'un endroit dans un autre, finiront à la longue par se lasser de cette existence qui pour elles deviendrait insupportable.

Ces bandes, qui vivent depuis de nombreuses années dans le pays qu'elles ont parcouru dans tous les sens, ont en outre cet immense avantage sur nos troupes de posséder la connaissance du terrain à fond.

Elles y ont leurs repaires comme des bêtes fauves, et nous passons le plus souvent tout près des grottes où se trouvent leurs approvisionnement sans nous en douter.

Nous ne pouvons les découvrir que si un guide nous y conduit, et nous indique les moyens d'y arriver, car, à première vue, elles paraissent toutes inabordables pour quiconque n'est pas du pays.

L'habitude qu'elles ont de marcher de nuit comme de jour dans ces pays très difficiles, où nous autres Européens nous rencontrons toutes sortes d'obstacles naturels, leur permet de se glisser pour ainsi dire, par petits groupes entre nos différentes fractions de troupe sans être aperçues par elles, soit pour passer la frontière, soit pour descendre vers l'intérieur, ce qui rend tout investissement complet à peu près impossible, et c'est la cause générale pour laquelle on a fait le plus souvent de grandes opérations militaires, qui n'ont donné aucun résultat au point de vue de la suppression de la piraterie.

On a au contraire fatigué beaucoup de monde inutilement, et à la suite de ce déplacement considérable de troupes, à leur rentrée dans leurs garnisons respectives, une réaction se produit bientôt lorsqu'elles sont au repos, et la quantité de malades augmente alors subitement dans de très grandes proportions.

Bienheureux encore si, pendant le cours des opérations, on n'a pas donné dans quelque embuscade où nous avons eu à regretter la perte de quelques-uns des nôtres, officiers ou hommes de troupe !

La situation actuelle au Tonkin me paraît donc avoir été exposée ainsi d'une manière aussi brève que possible; la nécessité de faire de nombreuses voies de communication dans les régions montagneuses me semble également avoir été suffisamment démontrée.

Malgré toutes les difficultés qui pourront survenir, il faut donc se mettre à l'œuvre dès maintenant, si l'on veut arriver un jour au but final, c'est-à-dire à l'extinction complète de la piraterie dans les hautes régions, et au repeuplement de cette vaste étendue de terrain restée inculte pendant d'aussi longues années.

Ceci ayant donc été bien établi, je reviens au but que je me suis proposé en faisant ce petit volume, et que je n'ai pas encore exposé grâce à une digression qui pourra paraître un peu longue peut-être, mais qui servira par la suite à l'intelligence même de l'idée prédominante.

Ayant fait trois séjours successifs au Tonkin, de 1885 à 1893, pendant les six années environ que j'ai passées dans la Colonie, j'ai vu dans mes différents séjours, le Haut-Fleuve-Rouge, la Rivière-Noire, la Rivière Claire, le Delta, le Thanh-Hoa, le Bao-Day, la région de Cao-Bang et le Haut-Yen-Thé.

En un mot, j'ai parcouru presque tout le Delta et une grande partie des régions montagneuses.

J'ai donc eu affaire dans différentes circonstances aux bandes Chinoises et Annamites, c'est dire que j'ai pu acquérir une certaine expérience sur la manière de chacune de ces bandes de nous faire la guerre.

Rentré en France avec ce petit bagage de connaissances, j'ai cru qu'il serait utile de le mettre à profit, en en faisant un recueil qui pourrait servir dans l'avenir à ceux qui arrivent dans ce pays tout nouveau pour eux, où, se trouvant quelquefois seuls, ils auront toujours besoin d'un bon conseiller.

Des camarades rentrés du Tonkin ont certainement pu leur donner des renseignements utiles, mais qui sont restés confus dans leur mémoire et d'ailleurs très incomplets.

Ce volume que chacun pourra posséder, suppléera immédiatement, le jour où, quelque peu embarrassé, on voudra le consulter, au défaut de mémoire et au manque de renseignements que l'on pourra compléter avec son aide.

Bien qu'à première vue il puisse paraître avoir été fait pour le monde militaire, à cause de la troisième partie, la plus importante, qui concerne tout spécialement les officiers arrivant nouvellement dans la Colonie, et qui peuvent être destinés, dès leur débarquement, à aller prendre le commandement d'un poste dans les hautes régions; les sous-officiers, les hommes de troupe, les Colons eux-mêmes, tous les Européens enfin qui vont pour la première fois en Extrême-Orient, pourront tirer quelque profit de sa lecture, c'est pourquoi je l'ai divisé en trois parties bien distinctes, où chacun pourra puiser tous les renseignements qui lui seront propres.

Ce petit volume offre en effet un caractère spécial, car je ne crois pas qu'il ait encore été fait jusqu'à ce jour aucun livre donnant à celui qui part au Tonkin, pays complètement inconnu de lui, les renseignements sur tout ce dont il doit se munir avant son embarquement pour une aussi longue absence, les conseils les plus indispensables pour la traversée, les recommandations les plus nécessaires au point de vue climatérique, et sur la manière de vivre pendant la durée de son séjour dans la Colonie: enfin et surtout, montrant au militaire le terrain sur lequel il va opérer, l'ennemi qu'il va y rencontrer et la manière de combattre de cet ennemi.

Les trois divisions seront donc les suivantes :

PREMIÈRE PARTIE

Conseils avant l'embarquement pour le Tonkin, pour l'embarquement et pour la traversée.
Escales et curiosités à visiter.

DEUXIÈME PARTIE

Recommandations sur la manière de vivre au Tonkin, au point de vue de l'acclimatation, de l'hygiène, de l'alimentation et du logement.

TROISIÈME PARTIE

La guerre actuelle au Tonkin, renseignements sur les régions montagneuses, la tactique des bandes pirates, la manière de marcher au Tonkin et d'y combattre la piraterie.

VADE-MECUM

DE

L'OFFICIER AU TONKIN

PREMIÈRE PARTIE.

CONSEILS AVANT L'EMBARQUEMENT POUR LE TONKIN.

CHAPITRE PREMIER.

ACHATS A FAIRE AVANT LE DÉPART DE FRANCE OU D'ALGÉRIE.

Aussitôt la lettre de service reçue annonçant la désignation pour le Tonkin, la première préoccupation doit être de faire tous les achats des effets et objets nécessaires pour la traversée ainsi que pour la durée du séjour dans la Colonie, que l'on peut faire et qu'il est même avantageux au point de vue pécuniaire de faire avant de s'embarquer.

Quoique à bord des Transports de l'État et des Affrétés, tout officier ait droit à un nombre de kilos de bagages assez élevé au prorata du grade, il est bon de ne pas emporter une trop grande quantité de colis; prendre le strict nécessaire sans se charger d'impedimenta qui, au débarquement en baie d'Along ou à Haï-Phong, deviennent une source d'ennuis continuels pour ceux surtout qui dès leur arrivée reçoivent leur destination pour les hautes régions.

Au Tonkin, un officier voyageant isolément n'a droit en effet qu'à un nombre très restreint de coolies qui lui sont fournis par les Services Administratifs pour le transport de ses bagages par voie de terre.

Si l'on a un trop grand nombre de caisses, il faut donc prendre des coolies supplémentaires à ses frais, ce qui finit par devenir très onéreux lorsqu'il s'agit d'un long trajet, si l'on veut faire suivre tous ses bagages avec soi; ou bien les laisser au transit, alors ils arrivent à destination des mois entiers plus tard, plus ou moins au complet, si toutefois ils y arrivent.

Il est beaucoup préférable de réduire ses bagages de manière à n'avoir que le nécessaire afin de pouvoir toujours les faire marcher avec soi lorsqu'on change de garnison, ce qui est plus prudent.

Le premier soin pour les bagages sera de faire le

choix de caisses d'une solidité à toute épreuve, car, à bord du bateau, elles auront à supporter des chocs bien plus forts encore que sur les lignes de chemins de fer, où l'on n'a cependant pas l'habitude de les ménager; mais c'est surtout pour les transports par voie de terre au Tonkin, à dos de coolies, qu'elles devront offrir une très grande résistance.

Le premier ennemi que rencontre tout Européen qui débarque au Tonkin, c'est le soleil, ce grand faucheur! il faut donc avant le départ faire l'achat d'un casque colonial.

Quelle que puisse être la saison à laquelle on s'embarque, on aura toujours l'occasion de le mettre même à bord avant l'arrivée.

Le prendre de préférence réglementaire, c'est-à-dire, léger, s'enfonçant bien sur la tête, couvrant complètement les oreilles et la nuque.

Acheter tout le linge de corps nécessaire tel que : chemises de flanelle, chemises et caleçons de toile, chaussettes, mouchoirs et gilets de flanelle.

On trouve certainement tout cela à bien meilleur marché en France qu'au Tonkin et de qualité supérieure.

Chez les négociants chinois on ne peut avoir en effet que des produits anglais venant d'Hong-Kong, à bon marché mais de pacotille, à moins qu'on ne s'adresse aux commerçants français chez lesquels il faut payer des prix exorbitants.

Il en est de même pour l'acquisition du linge de toilette.

Comme chemises, emporter surtout des chemises de flanelle, très utiles pendant la saison d'hiver, mais très peu de chemises de toile que l'on ne peut même pas supporter pendant la saison d'été.

La chose la plus indispensable au Tonkin, après le casque colonial, est assurément la ceinture de flanelle, l'un devant garantir la nuque, l'autre protéger les intestins.

Emporter deux tenues en molleton de flanelle, bleu-marine, du modèle réglementaire, ainsi que quelques tenues blanches, car il est nécessaire de se mettre en blanc à certains moments sur le bateau pendant la traversée qui dure quarante ou quarante-cinq jours généralement.

Les vêtements blancs également du modèle réglementaire, seront sans attentes, sans galons ni boutons, qui doivent être mobiles pour le blanchissage.

Pour les tenues blanches, je recommanderai de n'en emporter que quelques-unes seulement de France, pour les besoins de la traversée, car il est plus avantageux de les acheter au passage à Saïgon et même au Tonkin

Les Transports de l'État et les Affrétés restant habituellement trois ou quatre jours à Saïgon, il est bon de profiter du séjour que l'on fait dans cette ville, pour s'en faire confectionner un certain nombre par les tailleurs chinois qui travaillent très bien, par crainte, au débarquement en baie d'Along, d'être immédiatement dirigé sur sa destination à l'intérieur des terres, sans aucun arrêt à Haï-Phong, ce qui arrive encore assez fréquemment.

La vraie chaussure du Tonkin est le brodequin à haute tige avec les houseaux, la botte ne valant absolument rien pour marcher dans ce pays.

Le brodequin est donc la chaussure la plus commode pour aller constamment dans l'eau ou dans un terrain marécageux, jusqu'à ce qu'on soit arrivé non pas à faire marcher les Européens pieds-nus comme les Indigènes, mais à adopter un modèle de chaussures se rapprochant de la sandale annamite, ayant une très forte semelle et protégeant les doigts du pied bien qu'à découvert.

Moins lourde que le brodequin, cette chaussure offrirait en outre le double avantage de conserver le pied à l'air, et de ne pas amasser l'eau ; avec cette chaussure on pourrait avoir une guêtre en toile remplaçant le houseau, pour protéger le mollet, comme la jambière que porte actuellement le tirailleur tonkinois.

Éviter les chaussures cousues : l'humidité constante, la marche fréquente dans l'eau, fait rapidement pourrir le fil ; elles se trouvent donc, après peu de temps, sans semelles et complètement hors de service.

Emporter un lit de campagne dont on peut quelquefois trouver l'emploi, mais une tente est chose complètement inutile dans un pays où, aussi désert qu'il puisse être, on trouve toujours le moyen de se faire construire rapidement un abri en branchages ou en paillottes, par ses coolies ou même par les troupes indigènes.

En construisant un abri, les coolies devront faire un lit de camp en bambous pour isoler du sol, ce qui est encore préférable au lit de campagne, car il est aussi dangereux dans ces pays de coucher sur le sol qu'en plein air, surtout la nuit.

Le lit de campagne devient par cela même un objet inutile pour la route, il n'est donc plus utilisé qu'en station pour la sieste, mais il y a au Tonkin la chaise longue en rotin; beaucoup plus commode pour cet usage et qui coûte moins cher.

Emporter une couverture de voyage et une chaise qui restera sur la dunette pendant toute la durée de la traversée.

Ne pas choisir une chaise longue trop encombrante sur un bateau où il y a relativement peu de place, vu le grand nombre de passagers, mais prendre de préférence une chaise de toile qui se ploie et se déploie à volonté, et offre en outre le grand avantage d'être facilement transportable, de sorte que, même au Tonkin, elle peut être d'une très grande utilité en route.

Acheter une popote en fer émaillé de quatre à six couverts, ainsi que les ustensiles de cuisine du même métal et un filtre.

On trouve tous ces objets dans de meilleures conditions en France qu'au Tonkin.

Surtout, ne pas oublier une bonne montre, non pas une montre de valeur, mais une montre solide, fermant bien et à toute épreuve.

Une bonne montre est en effet chose très précieuse dans un pays où il est très difficile d'en trouver; l'humidité et l'eau dégradent bien souvent le mouvement, et la montre ne marche plus.

Si l'on est éloigné d'Hanoï ou d'Haï-Phong, les seuls grands centres où l'on pourrait peut-être la faire réparer, on reste sans avoir l'heure, ce qui est toujours très incommode, surtout lorsqu'on se trouve seul officier dans un poste éloigné et complètement isolé.

Même dans les régions hautes, on est très souvent obligé de passer à gué des arroyos avec de l'eau jusqu'à la ceinture et quelquefois au-dessus; c'est là surtout que les montres se dégradent, car ces arroyos, où pendant la saison sèche on ne voit couler qu'un simple filet d'eau, grossissent en quelques heures à la suite de forts orages pendant la saison des pluies.

Les eaux descendant du haut des montagnes font alors monter la crue rapidement à de très grandes hauteurs, avec un courant tel qu'il est quelquefois dangereux de vouloir passer à gué.

Une bonne jumelle de campagne est aussi indispensable au Tonkin.

Un thermomètre est également très utile, tout Chef de poste devant consigner chaque jour sur le journal du poste la température à 6 heures du matin, à midi et à 6 heures du soir.

Chaque poste devrait en être pourvu, mais il n'y a en réalité que quelques postes importants qui en possèdent; ayant donc le sien personnel, et en prenant bien le soin de l'emporter avec soi à chaque changement de garnison, on sera toujours certain d'en avoir un partout où l'on ira.

En choisir un facilement transportable; il existe un système très commode, remplissant toutes les conditions voulues, enchâssé dans une petite boîte.

Bien qu'il y ait une pharmacie dans chaque poste, il est bon d'emporter une petite pharmacie pour son usage personnel, en y joignant un thermomètre médical que l'on ne trouve pas dans les pharmacies des postes.

Il est très utile aux Commandants de poste pour prendre la température des hommes malades, mais n'est pas porté sur la nomenclature des médicaments et objets de pansement, donnée dans l'instruction médicale à l'usage des postes non pourvus de médecin.

C'est un oubli sans doute, mais à tous les points de vue regrettable, car le médecin ne visitant que très rarement certains postes, c'est le Commandant de poste qui doit en tenir lieu.

Emporter enfin tout ce qui peut être nécessaire pour faire de la topographie, (boussole, alidade, crayons de toute couleur, papier quadrillé, à calquer et à dessin) car on en a fréquemment besoin.

Ceux qui iraient en effet au Tonkin dans le seul espoir de se débarrasser de la paperasserie Administrative que l'Europe nous envie, se tromperaient beaucoup ; on en demande aujourd'hui plus que jamais aux Chefs de poste, ce qui est d'ailleurs pour tous le plus grand sujet d'ennuis.

Quant à l'alimentation, je ne conseillerai pas d'emporter des conserves de France ; les seuls officiers qui puissent employer ce système sont les officiers de Marine qui à leur départ savent qu'ils vont à bord d'une canonnière qu'ils sont appelés à commander pendant toute la durée de leur séjour au Tonkin.

Ils peuvent donc emporter un certain approvisionnement de conserves et se faire expédier directement de France tout ce dont ils pourront avoir besoin, soit comme vins, soit comme comestibles ; leur commande leur arrivera certainement, ils auront même la faculté, s'ils le veulent, d'aller la chercher à Haï-Phong.

Peuvent également les officiers des États-Majors, ou des différents services à Hanoï, Haï-Phong, Bac-Ninh, etc. tous ceux en un mot qui, occupant un emploi sédentaire dans les grands centres, ne se déplacent que momentanément.

Dans ce cas, il y a certainement toujours un grand avantage, les denrées étant de meilleure qualité et d'un prix moins élevé.

Il n'en est pas de même pour le malheureux officier de troupe, qui est constamment par monts et par vaux, qui n'apprend le plus souvent qu'au moment de son débarquement au Tonkin, à quelle région il est destiné, et s'il pouvait savoir encore combien de temps il restera dans son poste!

En effet, d'un jour à l'autre il peut s'attendre à être déplacé pour une nouvelle destination inconnue, car il ne sait pas toujours en partant où il va; ce système n'est donc pas du tout praticable.

Si l'on songe, par exemple, qu'il faut trois mois pour avoir une réponse à une lettre envoyée d'Haï-Phong à Marseille — je prends précisément deux points du littoral pour que l'exemple soit plus frappant — que sera-ce si la lettre vient de Cao-Bang?

Celle-ci mettant déjà une quinzaine de jours pour aller de Cao-Bang à Haï-Phong et réciproquement, car le chemin de fer n'arrive pas encore malheureusement à Lang-Son, ce qui ferait gagner quatre ou cinq jours, cela fera donc un mois de plus, soit en tout quatre mois ; si elle vient de Lao-Kay, il lui faudra encore beaucoup plus de temps.

J'ai pris à dessein comme exemple une lettre, celle-ci allant relativement vite, mais si l'on remplace la lettre par un ou plusieurs colis, en admettant même que la maison à laquelle on s'est adressé y ait mis la plus grande diligence possible, et que la commande ait pu partir par le plus prochain courrier, à son arrivée à Haï-Phong, elle restera plus ou moins longtemps dans les différents transits.

Dans le cas où, ayant été tout spécialement recommandée à un convoyeur, elle arriverait le plus rapidement possible à destination, elle mettra au minimum un mois de plus qu'une lettre pour aller à Cao-Bang, ce qui lui fera donc cinq mois.

Dans cet intervalle l'officier a pu recevoir l'ordre d'aller sur le Haut Fleuve Rouge, je ne dirai pas à Lao-Kay même, ce qui pourrait cependant arriver, mais tout au moins dans un poste intermédiaire, à Yen-Baï par exemple ; je cite ce poste parce que j'ai précisément vu le cas se présenter pour un de mes camarades.

Pour aller de Cao-Bang à Yen-Baï la commande mettra deux mois sans exagération aucune, le destinataire ne la recevra donc que sept à huit mois après l'avoir demandée, si toutefois il n'a pas encore changé de nouveau de poste.

Maintenant, elle arrive dans quel état, après tous ces voyages !

Généralement incomplète, car sur un certain nombre de caisses ce n'est pas trop dire qu'il s'en trouve une qui aura été égarée si la commande est un peu importante ; cela fait déjà une perte sur les économies qu'on a pu faire en faisant venir ses provisions directement de France.

En outre, pendant ces sept ou huit mois que la commande a mis pour arriver à destination, à moins d'avoir eu une quantité considérable de conserves d'avance, il a fallu probablement, je devrais dire assurément, s'approvisionner pendant un temps plus ou moins long chez le commerçant français ou chinois, s'il y en a à proximité, ou bien dans une des grandes maisons d'Hanoï ou d'Haï-Phong.

Y a-t-il donc eu réellement économie ?

Non. En faisant bien la balance, je crois même qu'il y a eu perte.

J'ai admis l'hypothèse où la commande est arrivée presque au complet ; il aurait pu se faire qu'elle ne parvînt jamais au destinataire.

Ce système n'est nullement praticable, comme on le voit, pour l'officier de troupe qui peut s'attendre à tout moment à recevoir l'ordre de changer de poste ; il lui est même impossible quelquefois de faire venir ses provisions d'Hanoï ou d'Haï-Phong, où les distances sont cependant beaucoup moins grandes, il est donc obligé le plus souvent de s'approvisionner chez le négociant chinois, s'il est dans un poste un peu important, au centre le plus voisin, s'il se trouve dans un endroit complètement dépourvu de commerçant européen ou chinois.

Il paie plus cher, il est vrai, mais en raison des pertes qui peuvent se produire dans les convois, car c'est généralement le destinataire qui les supporte, sinon toutes, du moins en majeure partie, il y a avantage, je crois, à prendre ses provisions au plus près.

La durée de la traversée étant en moyenne de quarante jours, emporter quelques livres de lecture pour tuer le temps lorsqu'il semblera trop long, ce qui arrive lorsqu'on est quinze jours sans voir la terre, comme pendant le trajet d'Obock à Colombo ou Singapoor par exemple.

Je crois avoir épuisé la liste de tout ce qui me paraît le plus indispensable pour la traversée et qui doit être acheté avant le départ pour le Tonkin; nous verrons dans le chapitre qui va suivre, quels sont les effets de France qu'il sera utile d'emporter.

Nomenclature des effets et objets à acheter :

Casque colonial.
Chemises de flanelle.
— de toile.

Caleçons de toile.
Gilets de flanelle.
Vareuse en molleton

Pantalon en molleton.
Vestons de toile.
Pantalons —
Ceinture de flanelle.
Mouchoirs de poche.
Serviettes de toilette.
Brodequins.
Houseaux.
Lit de campagne.
Popote en fer émaillé.
Filtre.
Chaise de toile.

Thermomètre.
Montre.
Jumelle de campagne.
Pharmacie.
Thermomètre médical.
Crayons de toute couleur.
Papier à calquer.
— à dessin.
— quadrillé.
Boussole.
Alidade.
Livres de lecture.

CHAPITRE II.

VÊTEMENTS DE FRANCE A EMPORTER AU TONKIN.

Pour la question du vêtement, quoique partant dans un pays excessivement chaud, il ne faut pas cependant oublier qu'il y a au Tonkin un hiver qui dure quatre à cinq mois.

Dans le Delta, pendant les plus grands froids, le thermomètre ne descend généralement pas au-dessous de cinq ou six degrés au-dessus de zéro, ce qui est déjà beaucoup pour le pays, surtout lorsqu'on a été anémié par un ou plusieurs étés déjà passés dans la Colonie.

Dans les hautes régions, il fait encore bien plus froid, et il n'est pas rare de voir le thermomètre baisser à zéro degré, dans la région de Cao-Bang.

A cette saison, on éprouve donc le besoin de bien se couvrir dans quelque région du Tonkin que l'on puisse se trouver, et les Indigènes mettent toute leur garde-robe sur leur dos.

En conséquence, emporter sa capote ou sa pèlerine

de drap, et même les deux, cette dernière pouvant encore être très utile pendant la saison des fortes pluies en été.

On a, il est vrai, bien peu l'occasion de mettre la tenue de drap au Tonkin ; en emporter une bonne néanmoins, pour le cas où certaines circonstances se présentant on serait obligé de la mettre.

Elle peut d'ailleurs pendant la saison d'hiver remplacer la tenue de molleton de flanelle en cas de froids excessifs.

Pour pouvoir se mettre en grande tenue, si par hasard il le fallait, emporter le sabre, quoique la tenue de route soit toujours en révolver ; prendre quelques paires de gants blancs et de couleur, avec les épaulettes et la dragonne en or.

Nomenclature des effets et armes à emporter :

Capote.	Gants blancs.
Pélerine.	— de couleur.
Képi.	Épaulettes.
Tunique.	Dragonne en or.
Pantalon de drap.	Sabre.
	Révolver.

CHAPITRE III.

CONSEILS POUR L'EMBARQUEMENT ET LA TRAVERSÉE.

Tous les différents achats faits et le choix des effets de France à emporter terminé, préparer ses caisses pour se rendre au port d'embarquement à la date fixée par la lettre de service.

Les classer d'abord en trois catégories bien distinctes :

1° Les caisses devant aller à fond de cale, où elles devront rester du jour de l'embarquement au jour du débarquement.

2° Les caisses désignées pour la prévoyance, qui seront montées tous les huit jours sur le pont, le samedi, généralement de midi à trois heures de l'après-midi, pour être mises à la disposition des passagers.

3° Les caisses à conserver avec soi dans la cabine.

Dans les premières que l'on ne doit plus revoir pendant toute la traversée, mettre tout ce dont on n'aura pas besoin avant l'arrivée au Tonkin, et les marquer d'un grand C bien visible qui voudra dire : *Cale.*

Dans celles de prévoyance que l'on pourra avoir une fois par semaine, mettre tout ce qui sera nécessaire, pendant toute la durée de la traversée, en vêtements, linge de toilette, linge de corps, chaussures et livres de lecture.

Y mettre des effets de drap, de molleton, de flanelle et de toile, en prévision des changements brusques de température, car quelle que soit la saison à laquelle on part, on a toujours l'occasion de mettre chacun de ces différents vêtements à certains points du globe.

La mer Rouge, par exemple, a la réputation d'être excessivement chaude, mais si à certaines époques on y souffre énormément de la chaleur, à d'autres aussi, on y supporte bien les effets de drap.

Ainsi, pourrais-je donner pour exemple qu'ayant traversé la mer Rouge vers le 25 mars 1888 à mon retour de mon premier séjour au Tonkin, j'y ai gagné une bronchite ; il est vrai qu'à mon départ en septembre 1885, le passage de la mer Rouge avait été très pénible, à cause de la forte chaleur qui avait occasionné de nombreux décès à bord ; cela dépend donc de la saison et de la mousson à l'époque à laquelle on la traverse.

Marquer ces caisses d'un grand P qui signifie *Prévoyance.*

Pour la cabine réduire le plus possible ses bagages, car les cabines étant très petites, surtout celles des secondes occupées par les officiers subalternes qui sont à quatre lits, on ne trouverait pas la place pour les mettre.

Ne prendre donc avec soi que la cantine réglementaire et un petit sac de voyage, dans lesquels on mettra le strict nécessaire; suivant les besoins du moment, en vêtements, linge de corps, de toilette, etc.

Les caisses de prévoyance étant d'ailleurs mises à la disposition de chaque passager le samedi, cela est bien suffisant.

Les malles ayant été ainsi faites, se rendre au port d'embarquement désigné pour le jour fixé par la lettre de service, qui est généralement la veille de la date du départ du Transport ou de l'Affrété.

Il est même préférable d'y arriver un jour plutôt, afin d'avoir tout le temps voulu pour pouvoir régler complètement la question de solde à l'Intendance ou au Commissariat de la Marine, suivant que l'on appartient au département de la Guerre ou au département de la Marine, car si l'on n'a pas la précaution de le faire avant l'embarquement, cela est très difficile au Tonkin, et l'on risque fort d'attendre son argent très longtemps, la paperasserie de nos Administrations dans les Colonies ne le cédant en rien à celle de nos Administrations de la Mère-Patrie.

Aussitôt arrivé au port d'embarquement, il faut donc se présenter à l'Intendance ou au Commissariat de la Marine, selon le cas, pour y faire établir ses états de solde.

En s'embarquant, on a droit à l'entrée en campagne, plus *trois* mois de solde d'avance : *solde d'Europe*.

A l'arrivée au Tonkin on reçoit la différence de la solde d'Europe à la solde Coloniale, du jour du débarquement en baie d'Along ou à Haï-Phong, jusqu'à l'expiration des trois mois.

La veille du jour de l'embarquement retourner à l'Intendance ou au Commissariat de la Marine, chercher ses états de solde et son ordre d'embarquement personnel, sans lequel on ne serait pas admis à bord pour le passage.

L'Intendance ou le Commissariat de la Marine, délivre en même temps un ordre d'embarquement pour les bagages.

Aller ensuite au Trésor recevoir le montant des états de solde, et voilà cette question définitivement réglée.

Avec l'entrée en campagne et trois mois de solde d'Europe d'avance, un officier qui n'est pas joueur a suffisamment d'argent devant lui, n'ayant pour ainsi dire aucune dépense à faire, puisqu'il est logé et nourri par le bord pendant toute la durée de la traversée.

Il ne reste donc plus pour être prêt à s'embarquer le lendemain qu'à s'occuper dans la soirée de faire transporter à bord les bagages de Cale et de Prévoyance.

Faire viser aux Revues l'ordre d'embarquement pour les bagages délivré par l'Intendance ou par le Commissariat de la Marine, et se présenter avec cet ordre d'embarquement visé et ses bagages à l'endroit désigné par la Direction du Port où ceux-ci doivent être déposés.

Là, en échange de l'ordre d'embarquement des bagages, sera remis un bulletin de dépôt indiquant le nombre de colis déposés et leur poids total.

Conserver ce bulletin de dépôt qui pourra servir par la suite pour réclamer une caisse perdue ou égarée, si le cas se présentait.

La Direction du Port se chargeant ensuite de faire transporter les bagages à bord du bateau, il n'y a plus à s'en occuper.

Chacun d'ailleurs a la faculté de faire transporter ses bagages sur le bateau directement; pour cela, il n'est pas besoin de passer par la Direction du Port, il suffit de prendre une embarcation à ses frais, et de les faire transporter soi-même à bord, où on les recevra sans plus amples formalités.

Cette opération terminée, il ne reste donc plus qu'à aller s'embarquer personnellement le lendemain avec ses bagages de cabine.

Pour se rendre à bord prendre une embarcation à ses frais ou s'embarquer sur la chaloupe mise à la disposition des passagers, dont l'heure et le point de départ sont indiqués par la Direction du Port.

Arriver à bord autant que possible, quelques heures avant l'heure fixée pour le départ.

En arrivant à bord se présenter au Commissaire du Gouvernement qui se trouve généralement à la coupée, et auquel on doit remettre son ordre d'embarquement; c'est lui qui désigne la cabine et le lit que l'on doit occuper.

Si à l'arrivée à bord on a la faculté de pouvoir choisir sa cabine, la prendre le plus près possible du centre du bateau, à babord (gauche) pour l'aller et à tribord (droite) pour le retour.

Quant au lit, le prendre toujours autant que possible en face d'un sabord (ouverture), à l'étage supérieur dans les cabines à quatre personnes, et enfin dans le sens de la longueur du bateau, surtout si l'on est sujet au mal de mer.

L'heure du départ est enfin arrivée, le dernier coup de sifflet vient d'être donné pour appeler à bord les retardataires, c'est le moment de l'appareillage, la vapeur est lâchée, une légère trépidation se fait sentir sous les pieds, c'est le mouvement de l'hélice qui se met en marche.

Monté sur la dunette on se tient alors au gaillard d'arrière.

Le bâtiment passe lentement devant l'Escadre, la musique de la flotte fait entendre les mâles accents de la Marseillaise, que quelques-uns, en trop grand nombre hélas, n'entendront plus !

A ce moment solennel, quelque chose bat plus fort sous la tunique, on sent sous la mamelle gauche un tic-tac accéléré, le son se perd peu à peu dans le lointain, et le bateau sort enfin de la rade de Toulon, il augmente son allure, déjà on n'aperçoit plus le port, les côtes de France elles-mêmes disparaissent bientôt, et se perdent dans le sillage du bâtiment.

Une larme imperceptible vient alors perler au coin de l'œil et humecter la paupière, mais elle est bien vite refoulée au fond du cœur, à la pensée que c'est pour tenir haut et ferme le drapeau national que l'on s'expatrie ainsi pendant de longues années dans ces pays lointains.

Maintenant on est en route, le bateau file ses dix ou onze nœuds, sa vitesse normale, tant mieux pour celui qui ne connaît pas le mal de mer et possède le pied marin.

Contre le mal de mer nul n'a encore pu jusqu'à ce jour trouver aucun remède bien efficace, je crois néanmoins qu'en réagissant vigoureusement, on peut arriver à l'atténuer dans de très fortes proportions.

Pour cela, s'efforcer le plus possible de manger, se donner beaucoup de mouvement en se promenant sur la dunette, au lieu de rester constamment allongé sur une chaise longue, ou de descendre se coucher dans sa cabine, comme le font généralement la plupart des personnes qui se sentent quelque peu enclines au mal de mer.

Pendant les temps de grosse mer, les hublots sont toujours fermés, afin que l'eau ne puisse pas embarquer dans les cabines, de sorte qu'il y a en ces moments-là dans celles-ci une odeur qui elle seule est capable d'incommoder et de prédisposer au mal de mer les cœurs les plus solides, il est donc très mauvais d'aller s'y renfermer.

Les femmes ont même le mal de mer par le temps le plus calme, par leur tempérament excessivement nerveux et plus impressionnable ; elles y sont beaucoup plus sujettes que les hommes dont bon nombre ont cependant souvent à en souffrir.

Les marins eux-mêmes, vieux loups de mer, bien que gens du métier n'en sont pas toujours exempts.

J'ai même entendu dire à certains officiers de Marine, qu'après avoir passé quelque temps à terre, le plancher des vaches comme l'appellent les marins, chaque fois qu'ils s'embarquaient pour commencer une nouvelle campagne, ils devaient eux aussi passer par là pendant les premiers jours de navigation, cela ne durait que peu de temps bien entendu, et bientôt après ils n'y pensaient même plus.

C'est certainement une question de tempérament, mais on peut cependant, comme il est facile de le voir, réagir contre le mal ; il suffit de se donner du mouvement, de chercher à se distraire le plus que l'on peut, en un mot, de tâcher d'oublier son mal, car c'est le plus souvent le désœuvrement même du passager qui est la cause principale pour laquelle il se laisse ainsi aller à l'abandon.

Certains, avant même d'être sortis de leur cabine, se figurent avoir le mal de mer, parce qu'ils ont vu au carré le maître d'hôtel faisant mettre sur la table les cordes à violon, le Restaurateur qui a tout intérêt à épargner le plus possible son matériel, ayant cru voir la mer moutonner quelque peu dans le lointain, de là, la crainte d'avoir du mauvais temps à l'heure du déjeuner.

En temps de mauvaise mer, on tend en effet sur les bateaux dans le sens de la longueur de la table, des cordes placées parallèlement les unes aux autres, à l'aide de petites planchettes de bois où sont pratiqués des trous pour le passage des cordes, ces planchettes sont fixées sur la table de distance en distance et transversalement.

Ainsi disposées elles ont l'apparence de cordes à violon, d'où vient leur nom en terme de marine, ces cordes servent à maintenir les assiettes, les verres, les carafes, en un mot tout ce qui se trouve sur la table en temps de forte mer.

Sur les Transports de l'État, on emploie pour le même usage des petits piquets que l'on fixe en rond à l'aide de petits trous pratiqués dans la table.

Les grandes personnes ont généralement plus ou moins le mal de mer, et chose très remarquable les enfants en souffrent rarement jusqu'à l'âge de dix ou douze ans.

J'ai vu pendant mes différents voyages de nombreux ménages de fonctionnaires à bord avec des enfants en bas âge.

Lorsque le père et la mère anéantis par le mal de mer étaient complètement incapables de s'occuper même de leurs enfants, ceux-ci se jouaient tout tranquillement, inconscients, riant même de ce que à un moment donné une secousse trop forte les avait fait choir, ou parce que le mouvement du bateau les faisait marcher en titubant.

Ceci tendrait donc à prouver que s'il est vrai qu'il y a une Providence, elle a quelquefois bien fait les choses.

Pendant les mauvais temps, le bateau se trouve ballotté par les vagues, chaque mouvement qui lui est ainsi imprimé est désigné dans la Marine par un nom spécial, selon la direction du mouvement.

Ainsi, les vagues venant de tribord (droite) ou de babord (gauche), le bâtiment oscille sur son grand axe, c'est-à dire de droite à gauche et réciproquement, ce mouvement s'appelle le roulis ; c'est, paraît-il, celui que supportent le plus facilement les personnes sujettes au mal de mer.

Lorsque le vent vient debout, le bâtiment oscille sur son petit axe, c'est-à-dire de l'avant à l'arrière et réciproquement, semblant ainsi vouloir plonger dans les flots, c'est le tangage, ce mouvement est déjà plus dur que le premier.

Enfin, si le vent a une direction intermédiaire, c'est-à-dire de quart, le bâtiment oscille sur ses deux axes à la fois, les deux mouvements précédents se trouvant ainsi combinés, ce dernier mouvement, le plus pénible des trois est appelé vulgairement le coup de casserole.

Les Transports de l'État et les Affrétés, d'un très fort tonnage et solidement construits tiennent très bien la mer.

Il n'y a donc aucune crainte à avoir sur ces bâtiments à moins toutefois de tomber en plein typhon, et à une certaine époque, il y en a assez fréquemment dans les mers de Chine, alors, tous les bâtiments même les plus solides courent à une perte à peu près certaine.

Par les plus mauvais temps on peut généralement rester sur la dunette de ces grands bâtiments où l'on tend au besoin des cordes pour se retenir.

Il n'est donc pas nécessaire de se faire attacher au pied du grand mât comme sur les bateaux à voiles et même quelquefois sur les bateaux à vapeur d'un tonnage beaucoup moindre.

Pour quiconque n'a jamais navigué, il est très facile de s'exercer à marcher par un temps même très mauvais.

Il suffit d'apprendre dès les débuts, lorsqu'on sent que le bâtiment commence à remuer d'une manière presque imperceptible.

Pour cela, se promener d'un bout à l'autre de la dunette en faisant les cent pas et en prenant un point de direction quelconque pour se rapprocher le plus possible dans sa marche de la ligne droite, deux planches par exemple sur lesquelles on marche en cherchant à suivre la rainure intermédiaire.

Quant aux oscillations du bateau, on les sent toujours, il faut donc porter le poids du corps du côté opposé à celui du mouvement du bâtiment, c'est-à-dire à gauche s'il penche à droite et réciproquement, en arrière s'il plonge en avant et réciproquement.

Après quelque temps de cet exercice, on arrive très rapidement à prendre l'habitude de marcher par une mer même très mauvaise, en un mot à se faire le pied marin.

C'est d'ailleurs un exercice très utile à plusieurs points de vue, d'abord parce qu'il donne du mouvement, ce qui est à considérer au point de vue de la digestion, ensuite parce qu'il distrait, la vie du bord n'étant pas par elle-même très récréative, et enfin, parce qu'il fait oublier le mal de mer.

Les distractions sont en effet assez rares à bord, surtout lorsqu'on se trouve en pleine mer pendant de longues journées entre le ciel et l'eau comme pendant la traversée de l'Océan Indien par exemple.

Il est vrai que l'on voit alors de temps à autre des bandes de poissons volants s'enfuyant à l'horizon, soit qu'ils se trouvent effrayés par l'arrivée du bateau ou chassés par de gros poissons.

Des marsouins ou des requins viennent également quelquefois en bandes à l'arrière ou sur les flancs du bateau, pour chercher les détritus qui tombent à la mer pendant sa marche.

On les voit souvent se jouer, allant de l'arrière à l'avant du bateau, ou d'un bord à l'autre, en passant par dessous.

On aperçoit enfin aussi, mais plus rarement des souffleurs jetant en l'air de grandes colonnes d'eau dans le lointain, qui s'élèvent comme de vrais jets d'eau au milieu de l'Océan.

Les traversées étant généralement très longues et la vie du bord monotone, il faut donc chercher à distraire les passagers en installant le plus possible, deux fois par semaine, le Jeudi et le Dimanche par exemple, lorsqu'il n'y a pas d'escale et que le temps le permet bien entendu, des bals, des concerts et même un théâtre, car il est toujours facile de trouver sinon des artistes, du moins des chanteurs et des exécutants dans les différents détachements de Corps de troupe qui se trouvent à bord, le Commandant du bâtiment mettant généralement la plus grande complaisance à prêter aux passagers le matériel nécessaire.

Je pense donc qu'en mettant bien en pratique tous les conseils qui précèdent, chacun peut faire une excellente traversée; dès le départ même de Toulon il est très facile de s'y exercer, pendant la traversée de la Méditerranée en se rendant à Oran.

La mer Méditerranée est en effet une mer très capricieuse, généralement mauvaise deux jours sur trois.

Il est d'ailleurs à remarquer pendant le voyage de France au Tonkin, que c'est surtout dans les petites mers comme la mer Méditerranée, la mer Rouge, la mer de Chine, qu'on a la plus mauvaise mer, tandis qu'en plein Océan Indien par exemple, on a presque toujours une mer relativement calme, bien que passant à certains points où l'on atteint des profondeurs très grandes.

Quelques personnes compétentes en la matière, donnent comme explication de ce phénomène, que dans les petites mers les lames étant très courtes, elles secouent plus brusquement le bâtiment en marche, lorsque dans les grands océans au contraire étant très longues, elles lui impriment un mouvement beaucoup plus lent.

CHAPITRE IV.

ESCALES PENDANT LA TRAVERSÉE. CURIOSITÉS A VISITER.

En partant de Toulon, les Transports de l'État ou les Affrétés appartenant à la Compagnie Nationale, vont généralement à Oran pour y embarquer un détachement de la Légion Étrangère, la route de Toulon à Oran passe près des Iles Baléares.

Il faut environ trois jours pour aller de Toulon à Oran, la mer étant fréquemment mauvaise.

Si l'on arrive à Oran dans la journée, l'embarquement des troupes qui se fait à quai demandant peu de temps, on n'y reste que quelques heures seulement, il n'est alors pas possible de descendre à terre pour visiter la ville.

Si au contraire l'arrivée a lieu un peu tard dans la soirée, l'embarquement du détachement de la Légion ne pouvant avoir lieu que le lendemain matin, on a la nuit entière et une partie de la matinée pour parcourir la ville, car le port d'Oran étant très petit, les bâtiments de fort tonnage ne peuvent y entrer ni en sortir pendant la nuit.

Ce qui est surtout curieux à Oran, c'est la ville haute où depuis quelques années on a construit beaucoup et principalement des édifices publics.

La population Européenne y est généralement Espagnole.

A son départ d'Oran, le bateau suit à peu près constamment la côte d'Algérie et l'on peut voir à la jumelle les différentes villes du littoral, ce qui rend la navigation très agréable dès les débuts, mais on ne peut apercevoir Alger qui se trouvant dans une anse, est à une trop grande distance de la pleine mer.

C'est d'autant plus regrettable qu'Alger la Blanche, vue de la mer de jour comme de nuit, offre un coup d'œil absolument féerique, le jour, avec son infinité de maisons blanches s'étendant sur le rivage et grimpant pour ainsi dire sur le côteau, la nuit, avec ses milliers de lumières qui par le ciel pur d'Afrique semblent se confondre avec les étoiles du firmament.

Le quartier nouveau, c'est-à-dire le quartier complétement Européen, le plus beau, est appelé Mustapha.

Pour bien voir la vieille cité Algérienne, avec ses maisons en amphithéâtre s'étageant sur les flancs de la colline, au pied de laquelle se déroule aux yeux l'intéressant panorama de la mer azurée, il faut gravir la montagne à pic de son Kasbah, avec ses rues grimpantes; beaucoup de maisons y sont reliées par une arcade, c'est un vrai dédale d'où il est quelquefois difficile de sortir, et où il est parfois dangereux de s'engager seul à une heure un peu avancée de la nuit.

Les deux principales rues commerçantes sont les rues Bab-Azoun et Bab-El-Oued, dans le prolongement l'une de l'autre dans la partie basse de la ville, et sur la mer, le quai de la République avec sa série d'arcades rappelle la rue de Rivoli.

Si l'on ne peut visiter Alger à l'aller, on peut toujour le faire au retour, car les Transports de l'État et les Affrétés y débarquent constamment des hommes de la Légion Étrangère rapatriés d'Extrême-Orient.

L'on aperçoit ensuite les villes de Dellys, Bougie, Philippeville, Bône et sur les côtes de Tunisie, Bizerte à l'entrée du golfe de Tunis

A hauteur de Tunis on perd la terre de vue, car on se trouve à une trop grande distance des côtes d'ailleurs très basses de la Tripolitaine et de l'Égypte.

On passe en vue des îles : la Galite, Pantellaria et Malte, du cap Blanc et du cap Bon pour ne plus revoir la terre qu'à l'arrivée à Port-Saïd.

Lorsque le bateau partant de Toulon ne doit pas aller à Oran, il se dirige directement sur Port-Saïd par la Corse, l'île d'Elbe et le détroit de Messine, dont le passage de jour comme de nuit excite l'admiration de tous.

On passe en vue du mont Etna en Sicile.

Arrivé à Port-Saïd cinq jours environ après le départ d'Oran, le bâtiment y fait toujours du charbon et embarque des vivres frais avant d'entrer dans le Canal.

La ville de Port-Saïd par elle-même n'a rien de bien remarquable sauf son caractère Oriental, c'est surtout une ville cosmopolite où l'on exploite le plus possible l'étranger.

Se méfier de la roulette ! car c'est la grande industrie des nombreux Grecs qui sont dans le pays.

Il y a deux cafés-concerts où l'on chante des chansons et joue des pièces en différentes langues selon la nationalité des bateaux de passage.

Le bâtiment entre donc dans le Canal à son tour et comme maintenant on peut le passer de nuit grâce à la lumière électrique, ce qui fait gagner presque un jour, il arrive à Suez environ vingt heures après, les différents arrêts dans les gares compris.

Le Canal de Suez a une longueur de quatre-vingt-sept milles, soit cent soixante kilomètres environ, mais les réglements de la Compagnie interdisent aux bâtiments de faire plus de cinq milles à l'heure, pour ne pas dégrader les rives.

Voir sur le bord du Canal l'Hôpital des employés de la Compagnie, à l'entrée du Grand Lac sur l'emplacement de l'ancien pavillon de l'Impératrice qui avait été construit pour l'inauguration du Canal, Hismaïlia, les lacs Amers, la route de La Mecque et le pont qui sert à faire passer les caravanes un peu avant l'arrivée à Suez.

Pendant le jour on peut aussi voir le chemin de fer qui va de Port-Saïd à Hismaïlia en côtoyant le Canal et rejoint la ligne du Caire qui part de Suez ; les nombreux effets de mirage par un beau soleil sont aussi très curieux.

On a bien peu souvent l'occasion de descendre à Suez, les bâtiments mouillant au retour à une très grande distance, il est en effet très difficile d'aller à terre. La ville ressemble d'ailleurs beaucoup à Port-Saïd, le terrain moins aride y offre cependant plus de verdure.

A peu de distance de Suez, au milieu du sable et près du rivage on peut apercevoir un petit coin de verdure, c'est la fontaine de Moïse.

Un peu avant la sortie du golfe de Suez, on aperçoit également à babord le mont Sinaï qui domine toutes les grandes montagnes environnantes.

A l'entrée de la mer Rouge on commence à perdre la terre de vue, n'apercevant de temps à autre que quelques îlots qui émergent de l'eau et rendent la navigation très dangereuse, pour ne la revoir qu'un peu avant la sortie, on est alors en vue de la côte d'Arabie et de la ville de Moka renommée par son café.

A la sortie de la mer Rouge se trouve Périm, îlot complètement dénudé sur lequel les Anglais ont construit un fort pour garder les passages de la mer Rouge au golfe d'Aden.

Si le bateau fait escale à Aden, les Affrétés y font quelquefois du charbon au retour; visiter les citernes, travaux gigantesques faits par les Anglais pour amasser l'eau quand il pleut; mais comme il pleut très rarement dans le pays, tous les quatre ou cinq ans seulement, paraît-il, elles sont presque toujours à sec.

On arrive à Obock cinq ou six jours après le départ de Suez, lorsque le Transport y prend du charbon, le chargement se faisant très lentement, on reste en rade au moins vingt-quatre heures.

Rien de bien curieux à Obock, bien que le village des Somalis ait pris de l'importance depuis 1885 ; visiter la Factorerie, la tour Soleillet, l'habitation du Gouverneur, le Casernement des troupes, la Mission.

On parlait d'ailleurs à une certaine époque de transporter le marché au fond de la baie de Tadjoura où, se trouvant sur le passage même des caravanes, il pourrait certainement prendre plus d'extension.

Au départ d'Obock le bateau prend la route de Colombo et le plus souvent celle de Singapoor directement; c'est le moment le plus pénible de la traversée, car c'est celui où l'on reste le plus longtemps sans voir la terre.

A la sortie du golfe d'Aden, on passe en vue de Guardafui, de Socotora, pour n'apercevoir les Maldives que huit ou dix jours plus tard.

La route d'Obock à l'île de Ceylan passe par le canal des Huit Degrés, au sud de Minicoy, îlot qui se trouve dans la partie nord des îles Maldives.

Quelquefois, mais très rarement, les Transports de l'État vont à Mahé des Indes, pour épuiser le dépôt de charbon qui y avait été fait pendant la durée des opérations au Tonkin.

Mahé, petite possession française enclavée au milieu des possessions anglaises, dernier vestige de notre Grand Empire des Indes d'autrefois, se trouve sur la côte à hauteur des Laquedives.

Le bateau devant mouiller très loin, on se rend à terre dans les pirogues à balancier du pays.

La ville, située à l'embouchure d'une rivière, est très petite, on y remarque surtout des corbeaux en très grande quantité, n'étant pas inquiétés sans doute par les indigènes, ils encombrent constamment les rues.

Du haut d'une montagne située sur la rive droite de la rivière, on a un panorama magnifique, on découvre en effet de cette hauteur à la fois, la mer sur laquelle on a pleine vue, et à l'intérieur des terres la vallée bordant les rives aux mille sinuosités de la rivière, avec sa végétation luxuriante, n'ayant d'égale que la végétation de Colombo même.

Colombo est en effet surtout remarquable par sa végétation tout à fait extraordinaire.

Visiter à Colombo les Casernes, le quartier européen, quartier commerçant; en dehors de la ville même, le quartier où se trouvent les villas des Anglais et le village indien.

De Colombo on descend vers la pointe de Ceylan, en côtoyant l'île assez près pour voir les trains de la ligne du chemin de fer, qui relie sur la côte Colombo à Pointe de Galles.

De l'extrémité de Ceylan en vue de Pointe de Galles, on se dirige directement sur la pointe d'Achem, à l'entrée du détroit de Malacca, on est quatre ou cinq jours sans voir la terre, sauf les îles Nicobar peu éloignées d'ailleurs de la pointe d'Achem.

Il faut environ trois jours pour aller de la pointe d'Achem à Singapoor, la navigation étant très dangereuse dans le détroit de Malacca, surtout à certaines époques où il y a de nombreux grains et une brume constante, il faut marcher lentement et avec beaucoup de prudence à cause de sa petite largeur à certains endroits, la route étant fréquemment suivie.

Le port de Singapoor est très important, ce qui s'explique d'ailleurs très facilement par sa situation même au seul point de passage pour l'Asie.

La ville européenne prend de jour en jour plus d'importance, et s'étend actuellement jusqu'au port d'où il n'y a que sept ou huit ans elle était encore très éloignée.

Ce qu'il y a de plus curieux à visiter à Singapoor, c'est surtout la ville commerçante, c'est-à-dire la ville chinoise qui est très grande et excessivement populeuse.

Tout le commerce est en effet entre les mains des Chinois qui composent pour ainsi dire toute la population de Singapoor.

Il n'y a d'ailleurs à Singapoor comme Anglais à peu près que les fonctionnaires et les soldats, mais très peu de commerçants de cette nationalité.

On reste généralement peu de temps à Singapoor où le ravitaillement en vivres frais et en charbon se faisant à quai est très rapide, comme cela a d'ailleurs habituellement lieu dans tous les ports Anglais.

Visiter si l'on en a le temps, le quartier européen, la ville chinoise et les deux grands jardins, tous les deux merveilleux, dont un appartenant au richissime Chinois Whampoa.

De Singapoor à Saïgon on est deux jours sans voir la terre, on passe avant d'arriver au cap Saint-Jacques, en vue de Poulo-Condore, îlot où se trouve un établissement pénitencier destiné à recevoir les condamnés Indigènes qui y sont relégués pour un temps plus ou moins long.

Le cap Saint-Jacques est à l'embouchure de la rivière que l'on doit remonter pendant cinq ou six heures pour arriver à Saïgon, située sur sa rive droite à l'intérieur des terres.

A l'arrivée à Saïgon on reconnaît immédiatement la ville Française, et c'est avec un bien grand plaisir que l'on revoit un coin de la Mère-Patrie à trois mille lieues de la France.

C'est depuis une vingtaine d'années seulement que Saïgon a pris de l'importance; mais on y construit beaucoup moins depuis notre occupation du Tonkin.

On a toujours le loisir de visiter Saïgon où l'on fait habituellement un séjour de trois ou quatre jours à l'aller comme au retour.

Voir la Cathédrale, le Palais du Gouverneur, les Édifices publics, les Casernes et le Jardin.

Je recommanderai surtout de faire le tour d'inspection.

On appelle ainsi la grande promenade à laquelle on voit le Tout-Saïgon, généralement au coucher du soleil, avant l'heure du dîner.

Cette belle promenade en dehors de la ville, en voiture découverte, au milieu de cette splendide végétation, par une belle nuit étoilée relativement fraîche, rappelle de loin la promenade au bois de Boulogne pendant l'été.

Saïgon possède aussi sa ville chinoise, Cholón, distante de trois ou quatre kilomètres environ de la ville Européenne; on peut s'y rendre par voie fluviale, par le chemin de fer ou en voiture.

Le dernier moyen de locomotion me paraît être de beaucoup le meilleur et le plus agréable.

La ville de Cholón, très grande et très commerçante, est complètement chinoise, tout le commerce comme à Singapoor y est entre les mains des Chinois.

Pour arriver à bien connaître la ville, il faut aller la visiter le jour d'abord et la nuit ensuite.

Aller au théâtre Chinois ou Annamite dans lesquels on joue des pièces qui durent des jours entiers, avec une musique assourdissante.

Dans les théâtres Chinois comme dans les théâtres Annamites, un homme se tient près de la scène, ayant un tamtam devant lui sur lequel il frappe à chaque passage pathétique, c'est en somme la claque organisée dans nos pays civilisés, mais comme à son avis toutes les scènes doivent frapper le public, il ne cesse de redoubler de coups, ce qui produit ainsi un vacarme assourdissant et agaçant.

Les pièces, comme je l'ai dit, durent quelquefois plusieurs jours de suite, les spectateurs fument, mangent, dorment, se promènent dans la salle, vont dans les coulisses et même sur la scène.

Les femmes ne paraissent jamais sur les planches d'un théâtre, les rôles de femmes sont toujours remplis par des hommes, celles-ci ne vont d'ailleurs que très rarement au théâtre, et le public n'est généralement composé que par le sexe fort.

Auprès des théâtres chinois se trouvent les fumeries d'opium, maisons spéciales où viennent les fumeurs pour y passer la nuit.

A côté de chaque fumeur étendu sur un lit de camp, généralement sur le flanc gauche, de manière à conserver le bras droit libre pour pouvoir bourrer la pipe, un petit plateau portant une lampe, des aiguilles minces de la longueur des aiguilles à tricoter, et une coquille contenant de l'opium.

La pipe se compose d'un tuyau en bambou de vingt-cinq centimètres de longueur environ, et de la grosseur d'une canne.

L'opium contenu dans la coquille a l'aspect d'un sirop épais et brun.

Pour fumer la pipe le fumeur trempe une aiguille par son extrémité dans la coquille, en retire une goutte d'opium grosse comme un petit plomb, puis fait chauffer cette goutte au-dessus de la lampe où l'opium bientôt en ébullition prend une consistance de cire à cacheter.

Il renouvelle plusieurs fois cette opération, jusqu'à ce que la boule d'opium atteigne la grosseur d'un petit pois.

Il fait alors chauffer la surface plane de sa pipe dans laquelle se trouve le trou de tirage, enfonce l'aiguille garnie d'opium dans ce trou, attend le refroidissement et ayant retiré l'aiguille, place le fourneau de la pipe au-dessus de la flamme, il aspire fortement par le tuyau, rejetant ensuite la fumée en colonne, qui s'élève ainsi en l'air en spirale, remplissant bientôt toute la salle après quelques pipes, et répandant à l'intérieur une odeur âcre qui vous prend à la gorge en y entrant

A la première pipe il vous arrive généralement ce qui arrive aux petits enfants quand ils commencent à fumer le tabac, ce n'est qu'à la septième ou huitième pipe que l'on commence réellement à ressentir le bien-être dont parlent les fumeurs d'opium.

Certains fumeurs fument jusqu'à vingt-cinq grammes d'opium par jour, mais les vieux fumeurs en consomment jusqu'à cent cinquante grammes.

La grande difficulté est surtout de préparer la boule d'opium, ce qui demande un apprentissage très long.

Les fumeurs d'opium se reconnaissent facilement à leur teint hâve, à leurs yeux caverneux et à leur maigreur extrême.

L'opium coûte très cher, ceux qui s'y adonnent lorsqu'ils arrivent à fumer un certain nombre de pipes, finissent par dépenser une somme assez importante par jour, c'est donc un luxe que tout le monde ne peut pas s'offrir.

C'est d'ailleurs une passion qu'il est surtout bon d'éviter, et qui a les mêmes conséquences fâcheuses que la morphinomanie chez nous, et j'ai entendu dire à un vieux fumeur chinois qui s'était adonné à l'opium très jeune, qu'il regrettait beaucoup d'avoir contracté cette mauvaise habitude, mais l'habitude étant une seconde nature, il lui était devenu complètement impossible de s'en débarrasser.

Après avoir quitté Saïgon, on est pour ainsi dire arrivé au terme du voyage, beaucoup de passagers ayant débarqué pour la Cochinchine, tant militaires que fonctionnaires, la dunette est moins encombrée.

Il faut environ trois jours pour aller à Tourane en suivant la côte de la Cochinchine et de l'Annam à peu près constamment.

Tourane se trouve au fond d'une très grande et jolie baie, à l'embouchure de la rivière de Hué, mais les bateaux devant mouiller au large à cause du peu de profondeur de l'eau, on ne peut descendre à terre que si le bateau reste suffisamment longtemps, car les embarcations ayant une barre très difficile à franchir mettent un temps très long pour s'y rendre.

Du bateau même on voit le Col des Nuages, sur la route de Hué, ainsi appelé à cause des nuages qui couvrent constamment son sommet.

Visiter auprès de Tourane les Montagnes de Marbre et l'ancien cimetière espagnol au bord de la baie même.

Tourane n'a réellement pris de l'extension que depuis quelques années, et une petite ville commence à se bâtir là où en 1885 on ne voyait encore que quelques misérables cases en paillottes.

La mer étant généralement mauvaise dans le golfe du Tonkin, on arrive en baie d'Along trente-six ou quarante-huit heures après le départ de Tourane.

A l'entrée dans la baie d'Along, dont la vue seule vaut le voyage, on tombe malgré soi en admiration en voyant le bâtiment s'avancer lentement au milieu de ces milliers de rochers à pic, qui émergent de l'eau et auxquels on a donné des noms différents selon leurs formes plus ou moins bizarres, et c'est à se demander quelquefois comment il pourrra sortir de là sans avaries sérieuses

Des oiseaux de proie habitent les sommets de ces rochers et les singes se balancent sur les branches.

On peut avec un peu d'imagination voir là, dans cet amoncellement incohérent de massés pierreuses, tout ce que l'on veut, des clochers de cathédrales, des pâtés de maisons, avec les toits et les murs effondrés, etc. ; il vous offre l'apparence d'une ville ancienne bâtie sur l'eau, avec ses rues se coupant à angles droits et ses carrefours.

On y voit des voûtes formant de véritables ponts, et certains rochers minés à la base ressemblant à des colonnes qui tiennent debout comme par un miracle d'équilibre.

Le bâtiment bien que paraissant devoir aller donner de l'avant dans un rocher, parvient néanmoins à traverser ce dédale, et arrive enfin sans accident au mouillage.

On aperçoit, au fond de la baie, Hongay où se trouve la mine de charbon et se construit une ville qui prend de jour en jour de l'importance.

Les Affrétés vont jusqu'à Haï-Phong, mais les Transports de l'État s'arrêtant en baie d'Along, on est alors embarqué sur une chaloupe des Messageries Fluviales, pour se rendre directement à sa destination sans avoir bien souvent le loisir de voir Haï-Phong, qui se trouve sur la rive droite du Cua-Cam à l'embouchure du Song-Tam-Bac.

La ville d'Haï-Phong a surtout pris de l'extension en 1887 et en 1888; à cette époque on y construisait beaucoup, mais depuis il y a eu ralentissement et les progrès sont moins sensibles depuis quelques années, quoique les travaux continuent, mais avec peu d'activité.

Est-ce le voisinage d'Hongay qui en est la cause?

A un moment en effet, il était question de faire le port du Tonkin dans la baie d'Along à Hongay même où les bâtiments de fort tonnage peuvent arriver, tandis qu'ils ne peuvent aller à Haï-Phong par la rivière même, à marée haute.

Si l'ancien projet était repris, ce serait donc la ruine d'Haï-Phong à courte échéance comme port maritime.

La ville d'Haï-Phong était déjà éclairée à la lumière électrique à la fin de 1892, et le même système d'éclairage doit avoir été adopté depuis à Hanoï.

Voir à Haï-Phong, le quartier européen, la Concession, l'Hôpital, l'Hôtel du Commerce, la rue des Chinois, la Grande Pagode Chinoise, le Marché, les Docks et le quartier annamite.

Contrairement à Haï-Phong, l'impulsion donnée en 1886 par M. Paul Bert, ne s'est pas ralentie à Hanoï, et la ville a été complètement transformée depuis cette époque.

Elle est située sur la rive droite du Fleuve-Rouge. Actuellement encore on continue à y construire beaucoup; on y a fait de larges voies ombragées, ce qu'on n'avait malheureusement pas fait dès les débuts à Saïgon où la rue principale, la rue Catinat, est bien trop étroite.

En 1885, il n'y avait pour ainsi dire de constructions européennes qu'à la Concession, sur le bord du Fleuve Rouge; dans la rue Paul Bert actuelle, il n'y avait encore que de misérables cases en paillottes.

Cette rue aujourd'hui est complètement bâtie avec de beaux et grands magasins de chaque côté.

Le tour du Petit Lac est aussi réellement splendide,

complètement entouré de vastes et superbes constructions appartenant à différents services ou à des particuliers.

Visiter les Casernes dans l'intérieur de la citadelle, la Cathédrale, le Grand Bouddha, le Grand Lac et la Ville Chinoise qui est à côté de la Ville Européenne, chaque rue y porte le nom de son industrie spéciale, ainsi on y trouve la rue du Coton, la rue du Sucre, la rue des Cuivres, etc.

On est en route de construire un Grand Hôpital sur le bord du fleuve en amont de la ville.

Voir aussi le champ de courses en dehors de la ville.

La ville d'Hanoï deviendra par la suite plus belle encore que Saïgon, car en prenant de l'extension elle s'étendra de plus en plus sur les bords du Grand Lac où commencent à s'élever déjà de nombreuses constructions.

Les deux lacs à l'intérieur de la ville ne pourront donc que lui donner un caractère tout à fait particulier.

Elle est appelée d'ailleurs, je crois, à devenir dans un temps plus ou moins éloigné le siège permanent du Gouvernement, où sa présence est surtout nécessaire à cause des difficultés qui peuvent se produire longtemps encore au Tonkin, et partant, la Capitale de notre Grand Empire de l'Indo-Chine.

DEUXIÈME PARTIE.

RECOMMANDATIONS SUR LA MANIÈRE DE VIVRE AU TONKIN.

CHAPITRE PREMIER.

PRÉCAUTIONS A PRENDRE POUR L'ACCLIMATATION AU TONKIN.

En arrivant au Tonkin, tout Européen doit d'abord se faire au climat du pays.

Celui qui part de France ou d'Algérie en octobre arrive dans le courant de novembre, c'est-à-dire pour la bonne saison au Tonkin; de quelque pays qu'il soit, du Nord ou du Midi de la France, il pourra s'acclimater progressivement, et arrivera à la saison chaude dans un état de santé très florissant, ce qui lui permettra de supporter beaucoup plus facilement les fatigues des fortes chaleurs.

Mais au contraire celui qui part de France ou d'Algérie au mois de mai pour arriver au Tonkin dans le courant de juin, qui est le moment des plus fortes chaleurs, s'acclimatera plus difficilement, même venant d'Algérie.

Beaucoup d'Algériens, en effet, parce qu'ils avaient supporté en Afrique des chaleurs beaucoup plus fortes à certains points où le thermomètre montait à bien au-dessus de la température maxima du Tonkin qui est de 38 à 39° généralement, et bien inférieure à celle d'Algérie ou du Sénégal, surtout lorsqu'on pense qu'à Paris même, pendant certains étés, on atteint presque ce maximum, ont cru à leur arrivée qu'ils supporteraient bien plus facilement la chaleur du Tonkin.

C'est une grave erreur, l'air y est tellement saturé d'humidité, qu'on y vit constamment comme dans une étuve, et cette chaleur humide, très débilitante, est bien plus difficile à supporter que la chaleur sèche d'Afrique.

Il en est de même pour le soleil d'Afrique et le soleil du Tonkin, c'est pourquoi le casque est indispensable dans un pays où le soleil est toujours dangereux à quelque heure que ce soit de la journée, et au Tonkin on doit constamment s'en méfier même lorsqu'il est caché, lorsqu'en Afrique on peut l'affronter en plein midi avec un simple turban.

Il est d'ailleurs très facile de remarquer l'effet que produit chacun d'eux sur le teint des Européens.

Que l'on prenne par exemple sur le boulevard des Italiens à Paris au milieu de nos habitués, deux coloniaux venant de débarquer récemment, et ayant passé plusieurs années, l'un au Tonkin, l'autre en Algérie, non seulement on les remarquera par leur teint parmi la population générale, mais encore on verra de suite une différence très marquée entre chacun d'eux.

Celui venant du Tonkin aura le teint jaune très prononcé, lorsque l'Africain paraîtra fortement bruni ; chacun aura donc pris la couleur du pays où il aura vécu.

Tout Européen qui va dans les pays chauds, doit donc dès les débuts s'enquérir des us et coutumes des habitants du pays, et tâcher de s'en rapprocher le plus possible tant au point de vue de l'hygiène et de la nourriture, qu'à celui du vêtement et du logement.

Il faut en arrivant au Tonkin, de quelque pays que l'on soit, quelque chaleur que l'on ait pu avoir à supporter, se garantir contre les ardeurs du soleil et conserver constamment son casque du matin au soir.

Les Indigènes en effet ne sortent jamais sans un chapeau à bords très larges, couvrant non seulement la tête mais encore totalement les épaules et quelquefois ils ont en outre un parasol.

Les coolies eux-mêmes, gens de la basse classe, portent un large chapeau, de peu de valeur, il est vrai, en raison de leur situation inférieure.

De même pendant les heures chaudes de la journée, c'est-à-dire de 9 heures du matin à 3 heures de l'après-midi en été et de 10 heures du matin à 2 heures de l'après-midi pendant l'hiver, il faut comme les Indigènes rester chez soi, tout hermétiquement fermé.

Non pas que je conseille de faire la sieste comme beaucoup ont l'habitude de la faire, se couchant et dormant une partie de l'après-midi, ce qui pour moi est contraire à toutes les règles de l'hygiène.

Faire la sieste veut dire en effet goûter les douceurs du farniente, qui consiste simplement à se reposer en s'étendant sur une chaise longue ou un hamac pendant les heures chaudes de la journée sans dormir.

Aussi ceux qui se laissent ainsi succomber à l'envie de dormir, ne peuvent généralement plus se reposer pendant la nuit, parce qu'ils ont trop fait du jour la nuit, et en outre qu'ils se trouvent incommodés par les fortes chaleurs, ils ne peuvent dormir, tout sommeil pris pendant la journée étant à retrancher du sommeil réparateur de la nuit.

Il faut donc, pendant les heures chaudes de la

journée, ne pas aller au soleil, à moins de cas de force majeure, si l'on est obligé de marcher, ce qui arrive fréquemment, mais au contraire, rester chez soi tout bien clos, en tâchant de résister le plus possible à l'envie de se coucher, surtout en sortant de table.

Pour cela, s'étendre simplement sur une chaise longue, fumer ou prendre un livre pour se tenir constamment en éveil, et surmonter l'état de somnolence auquel il est quelquefois difficile de résister pendant la saison des fortes chaleurs.

Installer une panka chez soi si possible, ou avoir un boy pour se faire éventer à l'aide d'un éventail, on trouve très facilement des petits garçons qui font ce service pour quelques cents par jour.

Il est d'ailleurs très fatigant de s'éventer continuellement soi-même, ce qui vous met dans l'impossibilité d'écrire et de faire un travail quelque peu important.

Les Commandants de troupes européennes devront surtout veiller à ce que leurs hommes ne sortent pas en plein soleil le torse nu, comme beaucoup ont la mauvaise habitude de le faire, mais qu'ils aient toujours un vêtement sur le corps, aussi léger qu'il soit.

Comme nous le verrons dans une autre partie de ce volume, l'Européen ne peut vivre complètement à l'annamite.

Aucun de nous certainement ne verrait avec plaisir en pleine connaissance de cause, son cuisinier lui servir un rôti de chien sur sa table, bien que dans certains restaurants de Paris l'on serve quelquefois du chat pour du lapin aux clients, en ayant soin d'enlever la tête de l'animal.

Au Tonkin le chien se mange en effet, du moins une certaine race spéciale de chiens, que l'on peut reconnaître à la couleur de l'intérieur de son palais qui est noir, aussi voit-on des boucheries de chiens dans toutes les villes Annamites.

Les coolies moins délicats mangent toutes les espèces de chiens, voire même les chiens Européens; celui qui a un beau chien de chasse auquel il tient doit donc bien le surveiller pour que des coolies n'en fassent pas des ripailles pantagruéliques.

En 1888, à Lam où le tigre faisait de fréquentes visites dans le camp, une chienne de race appartenant au Commandant d'armes, à laquelle il tenait beaucoup avait été enlevée pendant la nuit; mais dérangé sans doute, l'animal n'avait pu emporter la pauvre bête dans son repaire pour la manger, et avait dû la laisser morte sur place où on l'a retrouvée le lendemain matin.

Des coolies vinrent demander au Commandant la permission d'emporter la chienne, ce qui leur fut facilement accordé, puis quelques instants après, l'ayant dépouillée et débitée, lui apportèrent un gigot en signe de remerciement, croyant lui être ainsi très agréables.

Inutile de dire quel accueil le Commandant a fait à leur présent, bien qu'ayant beaucoup aimé sa chienne, lorsqu'elle était vivante.

Si nous devons nous rapprocher le plus possible de la manière de se nourrir des habitants, il en sera de même pour le vêtement.

Se vêtir le plus légèrement possible pendant les fortes chaleurs où on ne peut même pas supporter la chemise avec la tenue blanche.

Dans les grandes circonstances pendant la saison chaude, pour être en tenue très régulière, il suffit donc de mettre un col et des manchettes, c'est d'ailleurs dans ce but que les vestons ont été faits à col droit et boutonnant jusqu'en haut.

Pendant que le Général X... commandait le Corps d'Occupation du Tonkin, il autorisait, comme cela continue à se faire d'ailleurs, les officiers à lui rendre visite en tenue blanche pendant la saison chaude ; c'était en somme à cette époque la grande tenue.

Deux officiers de troupe descendus des hautes régions étant de passage à Hanoï et connaissant peu les habitudes de la grande ville, s'étaient mis en tenue de drap en plein mois de juillet avec le col et les manchettes de rigueur bien entendu, pour rendre leur visite au Général Commandant en Chef.

Le Général les retient à sa table et voyant que pendant le dîner, malgré la fraîcheur bienfaisante du panka, qu'ils n'avaient jamais certes ressentie dans la brousse, ces malheureux officiers souffraient atrocement dans leurs vêtements étriqués, tout en leur faisant observer, avec bienveillance; qu'ils auraient dû se mettre en tenue blanche, leur dit de prendre leurs aises en déboutonnant le nombre de boutons que bon leur semblerait, pour être moins incommodés par la chaleur.

Nos jeunes officiers, très embarrassés, s'excusèrent comme ils le purent auprès du Général, de ne pouvoir ôter même le premier bouton, et endurèrent ce supplice jusqu'au bout, jurant, mais un peu tard, qu'on ne les y reprendrait jamais.

Pendant la saison froide il y a quelquefois des variations de température très grandes.

Ainsi, lorsque le matin on a dû se couvrir même de sa capote, dans la journée, de 11 heures du matin à 2 heures de l'après-midi, on ne peut supporter bien souvent que des vêtements de toile, et vers 5 ou 6 heures du soir, il faut reprendre les mêmes effets que l'on portait le matin.

On ne doit donc pas négliger au Tonkin de se dévêtir et de se revêtir suivant les changements brusques de température pendant la saison d'hiver.

Recommander aux hommes de ne pas quitter surtout leur ceinture de flanelle, pendant la nuit, pour éviter de prendre froid au ventre, car c'est ainsi que vient la diarrhée qui dégénère bientôt en dysenterie souvent difficile à guérir, même après la rentrée en France.

Lorsqu'on est obligé pour raison de service d'aller sur l'eau pendant les heures chaudes de la journée, se préserver contre la réverbération du soleil qui est surtout à craindre dans le Delta, au moment de la marée haute où toutes les rizières se trouvent complètement inondées.

Si l'on doit parcourir les rizières à marée haute en suivant les simples dos de rizières, ou les arroyos du Delta sur les petits paniers du pays qui n'étant pas couverts, non seulement n'abritent pas contre les rayons directs du soleil, mais encore ne garantissent nullement contre les rayons solaires réfléchis dans l'eau qui, arrivant d'en bas, plus dangereux que les premiers, viennent frapper la nuque par-dessous le casque, prendre la précaution de mettre son mouchoir sous sa coiffure, après l'avoir mouillé au préalable.

On évitera ainsi l'insolation dont on reconnaît facilement les symptômes par une douleur plus ou moins forte ressentie à la nuque.

Sur un sampan couvert, se tenir constamment à l'intérieur sous la paillotte, pendant les heures de la journée où le soleil est le plus chaud.

Bien souvent les hommes tombent malades au Tonkin, faute de prendre les précautions voulues et d'exécuter les ordres de leurs officiers; aussi, doit-on souvent le grand nombre de maladies à ce manque de précautions plus qu'au climat lui-même.

Si l'on compare en effet les fatigues éprouvées par des hommes à peu près constamment en route au Tonkin, pendant leurs deux années de séjour dans la Colonie, se trouvant dans les conditions les plus désavantageuses à tous les points de vue, supportant toutes sortes de privations, rencontrant à chaque pas des obstacles insurmontables, et fournissant malgré cela des étapes presqu'aussi fortes que celles que peut faire une troupe en France, si l'on compare, dis-je, ces fatigues à celles supportées par des troupes ayant fait des manœuvres de quinze jours dans un pays sain comme le nôtre, où les vivres et les cantonnements sont assurés d'avance avec des repos périodiques; en faisant la statistique des malades d'un côté comme de l'autre, on s'étonnera de voir que la mortalité et les maladies sont relativement moins considérables au Tonkin, qu'on n'est généralement porté à le croire, en tenant compte évidemment de la part du feu.

Ceux qui paient surtout aujourd'hui leur tribut à la maladie au Tonkin, sont donc ceux qui se trouvent actuellement dans les régions hautes, pays généralement abandonné et inculte, constamment en route, ou dans de mauvaises installations lorsqu'ils sont en station, et vivant le plus souvent très mal.

Ceux au contraire qui habitent les grands centres du Delta ou ses confins, pays complètement cultivé où ils ont des occupations sédentaires et des installations bien comprises au point de vue du climat, se portent généralement bien; ils ont, il est vrai, de temps à autre, un léger accès de fièvre, mais c'est pour eux une simple indisposition comme on peut en avoir même en France.

Je connais plusieurs de mes camarades qui y sont restés très longtemps dans ces conditions; l'un d'eux arrivé dans les débuts de la conquête y vit depuis onze ans sans être jamais revenu en France, et continue à s'y bien porter.

C'est donc surtout à surmener les troupes que l'on doit d'avoir autant de mortalité et de maladies; mais lorsque ces contrées seront devenues plus tranquilles et que les troupes mieux logées seront plus sédentaires, les maladies diminueront au Tonkin dans de très grandes proportions.

En attendant ce moment qui arrivera dans un temps plus ou moins éloigné, c'est le devoir de tout gradé, à quelque degré de la hiérarchie que ce soit, de faire prendre aux hommes qui sont le plus souvent de grands enfants, toutes les précautions voulues pour la conservation de leur santé.

Beaucoup d'hommes par exemple, sous prétexte qu'à un moment donné le soleil se trouve caché par un nuage, se découvrent ou mettent leur casque en bataille.

Aussi les tirailleurs Algériens qui prétendaient que le soleil d'Afrique était plus terrible que celui du Tonkin, adoptaient-ils généralement cette manière de porter leur casque, parce que cette coiffure les gênait, surtout pendant l'hiver ou le ciel est souvent couvert.

Mais lorsqu'ils eurent vu plusieurs cas d'insolation parmi leurs camarades, car c'est précisément à cette saison que les cas d'insolation sont plus nombreux à cause des imprudences commises, ils reconnurent que c'était avec raison qu'on leur recommandait de mettre leur casque réglementairement, et se conformèrent par la suite aux ordres de leurs officiers.

Combien d'imprudences de ce genre ont en effet causé la mort de ceux qui les ont commises et ont ainsi servi d'exemples aux autres!

S'il se présente un cas d'insolation ou tout simplement un coup de chaleur lorsque l'on est en route, faire mettre immédiatement le malade à l'ombre auprès d'un arroyo, lui verser de l'eau fraîche sur la tête, lui fouetter le torse complètement à nu avec des serviettes mouillées et imbibées d'alcool, et frictionner vigoureusement les cuisses et les jambes avec de la flanelle.

Lorsqu'on a une pharmacie, faire respirer de l'éther au malade.

Chaque fois que l'on se met en route, il est prudent d'emporter les médicaments les plus indispensables, comme de l'éther, de la quinine, etc.

Je recommanderai également l'alcool de menthe de Ricqlès.

Comme on le voit, pour s'acclimater dans un pays nouveau, il suffit de se conformer dès les débuts aux précautions que prescrit la plus simple prudence, pour cela, observer les habitudes mêmes des indigènes.

Voyant en débarquant au Tonkin, les Indigènes porter des chapeaux très larges et se servir en outre d'ombrelles qu'ils prisent beaucoup dans un pays où le parapluie est un signe d'autorité, pour se garantir contre les ardeurs du soleil, tout Européen doit prendre les mêmes précautions.

Si les Indigènes portent en effet les cheveux tressés en chignon, bien qu'ayant autour de la tête pour protéger la nuque, le cai-can, sorte de turban généralement en crépon de Chine, pour ceux qui en ont les moyens; s'ils ajoutent encore un chapeau à larges bords ayant la forme d'un abat-jour, qui couvre complètement les épaules,

les Européens doivent évidemment adopter un genre de coiffure sinon tout à fait identique, du moins s'en rapprochant le plus possible.

Ce qui peut paraître surtout extraordinaire, lorsque les habitants prennent au Tonkin de si grandes précautions contre le soleil, c'est de voir les enfants en bas âge, se jouer en plein soleil à toute heure de la journée, la tête nue et complètement rasée.

Les garçons ont une simple touffe de cheveux au sommet de la tête comme les Arabes, et les filles portent trois mèches de cheveux, dont l'une sur le front et les deux autres sur chaque tempe, c'est à ce signe particulier que l'on reconnaît le sexe des enfants, s'ils ne sont pas complètement nus, comme cela arrive généralement pendant les fortes chaleurs.

C'est donc en vieillissant que les Annamites éprouvent le besoin de prendre toutes ces précautions contre les rayons solaires.

CHAPITRE II.

DE L'HYGIÈNE AU TONKIN.

Nous avons vu dans le chapitre précédent les précautions que doit prendre tout Européen à son arrivée au Tonkin, pour s'y acclimater; il nous reste à rechercher maintenant les mesures d'hygiène qu'il lui faudra suivre pour y conserver sa santé.

Non pas qu'instruits sur les indications de l'hygiène générale tous s'y soumettent régulièrement, mais il est certaines choses que tous peuvent éviter, certains soins qu'ils prendraient et l'habitude même de ces petites précautions, éviteraient à beaucoup bien des mécomptes.

Il faut donc suivre les règles générales d'hygiène alimentaire applicables au Tonkin comme partout ailleurs, et qui ont dans ces parages une importance encore plus sérieuse.

La première et la plus essentielle me paraît être la tempérance, aussi est-il bon d'avoir toujours présent à l'esprit ce précepte d'hygiène : « qu'il faut sortir de table avec une pointe d'appétit. »

Je ne veux pas dire par là qu'il ne faut pas manger selon son appétit, Non. Je dirai même au contraire que la condition *sine quâ non* de bien se porter au Tonkin pour l'Européen est de bien se nourrir.

J'ai toujours trouvé que ceux qui voulaient y faire des économies au détriment de leur santé, avaient le plus grand tort, et je suis parfaitement de l'avis de se donner le nécessaire, tout le nécessaire et rien que le nécessaire.

L'excès de fatigue ne vaut rien, que ce soit pour le corps ou pour l'estomac, or, donner à l'estomac plus qu'il ne demande, comme le priver du nécessaire, c'est le fatiguer.

Avant tout, éviter l'excès de privations comme l'excès de bonne chère.

Pour la même raison, on devra éviter l'abus des alcools dans un pays si favorable à l'engorgement du foie et de la rate.

Ce contre quoi il faut surtout se prémunir au Tonkin, et particulièrement dans les régions hautes, c'est l'eau, le principal agent paludéen, et plus on la trouve limpide, plus elle est mauvaise.

C'est d'ailleurs pour cette raison que les Indigènes du Delta n'aiment pas aller dans les régions montagneuses, parce que disent-ils : — nuoc saulàm

— l'eau y est mauvaise ; c'est par l'eau qu'ils désignent un pays malsain ; pour eux l'eau est la cause de toutes les maladies, c'est en un mot dans l'eau que se trouve le microbe.

L'eau la meilleure pour l'Annamite est celle du Fleuve Rouge, quoique généralement très vaseuse à cause de la très grande quantité de limon que le fleuve charrie sur tout son parcours dans le Delta, et qui se délayant dans l'eau lui donne cette couleur rouge à laquelle il doit son nom.

Ainsi au confluent de la Rivière-Claire et du Fleuve Rouge à Vié-Try, les habitants des villages qui se trouvent situés sur la Rivière-Claire elle-même, viennent prendre de l'eau de préférence au Fleuve Rouge, bien que celle de la Rivière-Claire soit plus limpide.

C'est donc évidemment que les Indigènes trouvent l'eau du Fleuve Rouge meilleure, lorsque pour nous au contraire, à première vue, il semblerait que l'eau de la Rivière-Claire est préférable à cause de sa clarté même.

L'eau la plus claire, limpide comme de l'eau de roche que l'on trouve dans les régions montagneuses, est la plus mauvaise et celle qui produit surtout des accidents de la plus effroyable gravité.

Pour rendre l'eau potable, il est recommandé de l'aluner d'abord, de la filtrer ensuite et enfin de la

4.

faire bouillir; après ces différentes opérations elle devient certainement inoffensive, mais il n'est malheureusement pas toujours possible de prendre toutes ces précautions, surtout lorsqu'on est en route.

En station, dans les postes, on doit donc autant que possible, faire filtrer l'eau, l'instruction médicale à l'usage des postes non pourvus de médecin, qui doit être dans les archives de tous les postes militaires, et que chaque Chef de poste doit immédiatement demander au service de santé, à sa prise de commandement du poste, s'il ne l'y a trouvée, donne la manière de faire un filtre au moyen de deux bordelaises superposées.

Mais ce qui me paraît surtout être important, c'est de faire bouillir l'eau, et cette seule précaution même peut être suffisante.

L'eau mauvaise donne non seulement la fièvre avec toutes ses complications, mais aussi la diarrhée qui dégénère le plus souvent en ce que l'on appelle la diarrhée de Cochinchine ou la dysenterie.

Il faut donc veiller à ce que les hommes aient constamment de la boisson hygiénique, c'est-à-dire de l'eau de thé très léger dans les chambres, pour ne pas être tentés de boire de l'eau crue.

Beaucoup d'Européens au Tonkin ont aussi le tœnia, d'aucuns l'attribuent à l'eau, les uns à l'abus de la viande de porc, les autres enfin à la viande saignante.

Personnellement, pendant mes différents séjours au Tonkin, j'ai toujours mangé beaucoup de viande saignante, il est vrai de dire que je n'ai jamais abusé de la viande de porc, et que j'ai toujours bu le moins possible d'eau crue, je n'ai pas eu le tœnia qui occasionne généralement, paraît-il, des troubles très sérieux à ceux qui ont à en souffrir.

Aussitôt que l'on commence à ressentir les symptômes du tœnia dont la présence se manifeste le plus souvent par de violents tiraillements d'estomac, et produit même quelquefois des vertiges, il faut suivre le traitement pour le faire évacuer, et entrer à l'Hôpital le plus voisin, s'il y en a un à proximité, pour qu'il soit plus efficace.

Quant à la fièvre, elle commence toujours par les maux de tête, la perte de l'appétit et les extrémités chaudes.

Faire la diète au moindre mouvement de fièvre, et prendre 25 centigrammes de quinine, comme prévention, cela pendant quelques jours en portant même la dose à 50 centigrammes, si la fièvre ne disparaît pas dès les premiers jours.

S'il est bon quelquefois de prendre de la quinine en prévention de la fièvre, il ne faut cependant pas en abuser.

Dans certains postes réputés malsains, il est alloué, pendant la saison chaude, une ration journalière d'alcoolé de quinquina par homme de troupe, Européen et Indigène.

Lorsque j'arriverai à la manière de se nourrir au Tonkin, je recommanderai de manger le moins possible de conserves, les meilleures elles-mêmes fatigant l'estomac. Or, dans les postes éloignés, si on ne s'approvisionne pas directement dans les grandes maisons d'Haï-Phong ou d'Hanoï, on ne consomme généralement que des rebuts de magasin.

Les personnes qui commencent à sentir leur estomac quelque peu fatigué, ont l'habitude d'avoir sur leur table des sauces anglaises ou condiments : Worcestershire sauce, flacons de pickles, etc. pour exciter leur appétit.

L'estomac au contraire se fatigue de plus en plus, de là, embarras gastrique et perte complète de l'appétit.

Aussitôt que l'on commence à perdre l'appétit, au lieu d'employer des sauces nuisibles à la santé, prendre une purge légère, du sulfate de soude par exemple, ou de l'ipéca comme vomitif; après un jour de diète, l'estomac étant complètement débarrassé l'appétit reviendra rapidement.

Il est bon quelquefois d'user des eaux minérales, telles que : Saint-Galmier, Bussang, etc., ainsi que de l'eau de Vichy, mais il faut bien se garder d'en faire une habitude, car étant plus souvent artificielles que naturelles, elles peuvent produire l'effet contraire à celui espéré.

Dans les centres où l'on peut avoir de la glace à rafraîchir, il est bon de n'en prendre que modérément, car boire trop glacé dans les pays chauds est très mauvais pour les intestins, et la glace étant fabriquée avec l'eau telle qu'elle a été prise dans les arroyos, on y gagne facilement la dysenterie.

La sobriété, la tempérance, voilà donc la première condition d'hygiène au Tonkin pour s'y bien porter.

Il faut surtout s'ingénier à faire perdre aux hommes les mauvaises habitudes d'ivrognerie qu'ils n'ont que trop souvent, car outre qu'elles sont très pernicieuses pour les hommes eux-mêmes, elles font perdre le prestige que doit conserver tout Européen aux yeux de la population Indigène, généralement très sobre.

Les boissons que l'on trouve au Tonkin, ont d'ailleurs un degré d'alcool tel, qu'elles ne peuvent être que nuisibles à la santé, et on ne mène pas impunément dans ce pays la même existence que dans celui où on a vu le jour.

Ainsi il serait très funeste de passer la nuit, soit au jeu, soit à s'amuser comme on pourrait le faire en France, la vie régulière est la seule manière de passer son temps de séjour dans les meilleures conditions de santé possibles.

D'aucuns contractent aussi la mauvaise habitude de fumer de l'opium; bien se garder surtout de prendre ce défaut, qui comme chez nous la morphine, devient une vraie passion; on s'en défait en effet très difficilement, et au prix de quels supplices! le jour où rentré en France on ne peut plus se procurer aussi facilement l'opium nécessaire.

Celui qui a contracté l'habitude de fumer de l'opium, et qui a la ferme intention de s'en débarrasser, ne doit pas le faire brusquement, mais progressivement, car il serait très dangereux de cesser tout d'un coup.

Les fumeurs d'opium, altèrent non seulement leur santé, s'amaigrissant peu à peu, perdant l'appétit et le sommeil, car le sommeil que leur procure la fumée d'opium n'est que factice, mais encore ils perdent la plupart de leurs facultés intellectuelles; c'est donc aussi nuisible au point de vue moral que physique, bien que certains fumeurs prétendent n'avoir jamais eu d'idées aussi belles que sous l'influence de l'opium.

En fumant l'opium, on allume en outre dans son estomac un feu continuel que l'on croit éteindre par l'absorption d'une très grande quantité d'alcool, lorsqu'au lieu d'apaiser le feu qui vous dévore intérieurement, on ne fait que l'aviver d'avantage.

Bien souvent aussi l'opium met les nerfs dans un état de surexcitation constante, provoquant des appétits qui jettent dans le plus profond anéantissement ceux qui veulent les assouvir.

L'abus des boissons alcooliques et l'abus des femmes, sont les causes premières des maladies du Tonkin, et il faut surtout se défendre de certaines habitudes funestes mais par trop civilisées qui existent dans les grandes villes des pays d'Orient.

En défendant de boire l'eau crue des arroyos dans les hautes régions, je n'ai pas parlé de l'emploi des bains.

J'ai pu remarquer que dans les arroyos où l'eau était mauvaise à boire, il était aussi pernicieux de s'y baigner, les hommes du poste qui allaient le plus souvent prendre des bains en plein arroyo par exemple, étaient précisément ceux qui avaient les plus forts accès de fièvre.

Je crois donc qu'il ne faut que rarement prendre des grands bains en pleine rivière dans ces régions, mais installer autant que possible dans les postes des lavabos et des appareils à douches au moyen de bordelaises, pour les soins de propreté chez les hommes.

Lorsque dans les postes il n'y a pas d'eau de source à proximité, avoir surtout la précaution de faire surveiller les coolies qui sont chargés de puiser l'eau pour la boisson et les cuisines, et s'assurer qu'ils la prennent bien en amont du poste, leur désigner aussi le point où doivent être déposées les ordures, c'est-à-dire en aval, car ils sont toujours portés à aller au plus près.

Pour le lavage du linge, choisir un point intermédiaire.

Il n'est pas nécessaire de recommander aux hommes la plus grande propreté corporelle, cette mesure qui est vraie chez nous, l'est encore bien plus au Tonkin où les nombreuses plaies que l'on peut avoir dégénèrent en plaies annamites généralement très longues à guérir.

Dans les débuts de l'occupation on connaissait très peu la plaie Annamite, mais on arrive actuellement à la guérir très bien, avec la poudre d'iodoforme, et c'est surtout le repos le plus complet qui est recommandé pour sa guérison radicale.

Il faut donc soigner dès les débuts le moindre bobo ou furoncle, afin qu'il ne dégénère pas un jour en plaie Annamite, vous tenant cloué sur votre lit pendant des semaines et quelquefois même des mois entiers.

En rentrant de reconnaissance, ou en arrivant au gîte d'étape, lorsqu'on est en colonne, se laver les pieds et les jambes, car c'est toujours par les membres inférieurs que commencent les plaies, surtout lorsqu'on a marché pendant toute une journée dans un terrain marécageux, et même dans des arroyos à l'eau très limpide, les sangsues s'introduisant dans les chaussures ou tombant sur les vêtements par un temps pluvieux dans une marche en forêt.

C'est principalement chez les personnes déjà épuisées par l'anémie, à la suite d'un séjour prolongé au Tonkin, que la plaie Annamite se développe rapidement.

On devra aussi recommander aux hommes les fréquents lavages de la partie interne des cuisses pour éviter les intertrigos qui causent un véritable supplice à ceux qui en sont atteints.

Lorsqu'on est en route au Tonkin dans une région qui n'est pas complètement abandonnée, on trouve habituellement à cantonner les troupes.

Ainsi, dans les régions montagneuses, chez les Muongs, les cases sur pilotis, c'est-à-dire à étage, les animaux domestiques se trouvant en bas et les habitants au-dessus, très spacieuses et généralement propres, sont préférables à tous les points de vue aux cases trop petites et insalubres des Indigènes du Delta où l'on ne peut occuper que les pagodes.

Dans un pays absolument désert, faire construire rapidement des abris par les coolies avec lit de camp à l'aide de brousse, de branchages et de bambou, pour ne pas coucher en plein air ni sur le sol.

Pour installer nos postes militaires, ou nos campements lorsque nous sommes en colonne, nous recherchons toujours un point dominant, ce qui au point de vue militaire est absolument exact, car une surprise y est plus difficile, mais les Indigènes vous diront au contraire qu'au point de vue sanitaire, il vaut mieux occuper les bas-fonds.

C'est d'ailleurs d'après ce principe que les ouvrages et les campements pirates sont constamment établis dans une vallée, le plus souvent même au bord d'un arroyo.

Des postes d'observation sont placés sur les points environnants les plus élevés, pour surveiller les débouchés de la vallée et prévenir par un signal convenu de l'approche de toute troupe se dirigeant sur le campement.

CHAPITRE III

DE L'ALIMENTATION AU TONKIN.

Nous avons vu dans les deux chapitres qui précèdent la manière de s'acclimater au Tonkin, et les mesures d'hygiène à observer pour y conserver la santé, nous allons étudier dans ce chapitre, qui ne sera en somme que le corollaire des précédents, la manière de s'y nourrir.

La question de l'alimentation est en effet très importante, notre constitution à nous Européens, ne nous permettant pas de vivre, comme les Indigènes, aussi ceux qui prétendent pouvoir vivre à l'Annamite, se font illusion à eux-mêmes, car ils n'y vivraient pas longtemps.

Nous Français, nous pourrions peut-être nous passer de vin, en le remplaçant par de l'eau de thé, et encore pendant quelque temps seulement, mais quelle privation de ne pas avoir de pain, ne fût-ce que pendant quelques jours! le pain étant la base de notre nourriture, comme le riz est la base de la nourriture de l'Annamite.

J'ai dit que nous ne pourrions vivre complètement à l'annamite, j'en ai acquis la certitude dans différentes circonstances où l'on manquait de vivres en colonne, et cela parce que nous avons besoin d'une nourriture solide, qui tienne au corps, et qu'il nous faut de la viande que l'Annamite ne mange que très rarement.

La nourriture de l'Annamite au contraire est très légère et se digère très rapidement, se composant généralement de riz, de poulet, d'œufs, de poisson, etc., c'est pourquoi l'on voit les Annamites manger à toute heure de la journée, lorsque nous ne faisons habituellement que deux repas principaux.

Nous devons donc nous rapprocher le plus possible de la nourriture Annamite, c'est-à-dire varier les plats de manière à ne pas manger constamment de la viande, qui fatigue très vite l'estomac dans les pays chauds.

Dans le Delta où l'on trouve tout ce que l'on veut, la vie est très facile, mais dans les postes des hautes régions, la variété dans la nourriture devient plus difficile, car bien souvent le pays étant désert, on n'y trouve aucune ressource ; il faut alors avoir recours aux boîtes de conserves, ce qui offre le double inconvénient de coûter très cher et d'être très nuisible à la santé.

Acheter autant que possible, des œufs, des poulets,

des canards, du poisson, en un mot tout ce qui peut se trouver sur place.

Le poulet est généralement très petit dans le Delta, dans certaines régions cependant, comme à Cao-Bang, par exemple, les Thos ont trouvé le moyen de faire des chapons qui se rapprochent beaucoup de celui de France pour la grosseur.

Il est d'ailleurs à remarquer en arrivant au Tonkin, que tout dans le règne animal est de petite taille, depuis l'homme jusqu'au plus petit animal, il n'y a en réalité que le buffle comme animal domestique dont la taille soit peu en rapport avec la taille moyenne des animaux du pays, et qui se rapproche de celle du bœuf en France.

Dans le règne végétal au contraire, on trouve de très gros arbres, dans les régions boisées et même dans l'intérieur, comme le banian.

Autant que possible ne pas acheter d'œufs au marché où il est très difficile de les trouver frais, les Indigènes ayant l'habitude de les manger très vieux, mais acheter un certain nombre de poules pondeuses pour se constituer un poulailler, c'est le meilleur moyen pour avoir des œufs frais pour sa consommation personnelle et les hommes malades.

Celui qui est grand chasseur devant l'Éternel a en outre toujours le loisir de pouvoir aller chasser aux environs de son poste, où il trouvera, la perdrix, la caille, la bécasse, la bécassine, le canard, le chevreuil, le paon, et alimentera ainsi la popote, ce qui n'est certainement pas à dédaigner, surtout dans les postes isolés.

J'ai pour ma part, toujours regretté de n'avoir pas eu de goûts cynégétiques, et j'ai reconnu dans maintes circonstances qu'un bon chasseur dans une popote était très appréciable.

Voyons maintenant les légumes que l'on peut avoir au Tonkin.

Pendant la saison d'hiver faire des jardins potagers où peuvent venir tous les légumes de France, pour cela, commencer à préparer le terrain en octobre, faire venir directement de France des graines potagères de l'année même, prises à la maison Vilmorin à Paris, ou dans les premières maisons d'Hanoï ou d'Haï-Phong au Tonkin.

Semer en novembre, en ayant bien soin dans les débuts, si le soleil est encore trop chaud, ce qui arrive à cette saison, de recouvrir les planches à l'aide de paillottes, pendant les heures les plus chaudes de la journée.

On peut obtenir ainsi tous les légumes possibles de France; choux, carottes, salades, haricots, pois, radis, etc., pendant quatre ou cinq mois de l'année, les jardins pouvant durer jusqu'aux premiers jours du mois de juin, lorsqu'ils sont bien entretenus, et cela est d'une importance capitale pour les popotes et les ordinaires des compagnies.

L'on peut aussi avoir des asperges, mais la culture de l'asperge demandant des années, on ne peut l'entreprendre à cause de l'instabilité continuelle des Chefs de poste; les Colons seuls qui sont appelés à rester plus longtemps dans le pays peuvent le faire.

Il est bon aussi de planter des pommes de terre, aux environs des postes ; ceux-ci étant généralement auprès d'un arroyo, il est presque toujours facile de trouver un endroit sablonneux favorable à cette culture.

La pomme de terre vient en effet très bien, et manger la pomme de terre nouvelle dans certaines circonstances, n'est pas chose à dédaigner.

Il suffit donc lorsqu'on reçoit un certain approvisionnement de pommes de terre, d'en sacrifier une certaine quantité pour tenter l'expérience, si le choix du terrain où on les a plantées a été judicieux, quelque temps après on n'aura pas lieu de le regretter, car le rendement en sera aussi bon qu'il aura pu être en France, et peut-être même supérieur.

Si l'expérience a été bonne, on peut la renouveler pour l'ordinaire des hommes de son détachement.

Pendant tout le reste de l'année, c'est-à-dire dans la saison d'été, on ne peut avoir comme légumes frais que des légumes venant d'Hong-Kong que l'on achète chez les commerçants d'Hanoï ou d'Haï-Phong, mais lorsqu'on est dans les postes éloignés, après tous ces voyages, ces denrées arrivent à destination en partie gâtées.

On est donc obligé de manger des légumes de conserve pendant six ou sept mois de l'année, c'est-à-dire de juin à décembre.

Les principaux fruits du Tonkin sont : la banane, l'ananas, la mangue, le mangoustan, la goyave, la mandarine et le let-chi à une certaine époque de l'année seulement, dans le Delta.

Il n'y a pas de fruits se rapprochant de nos bons fruits de France, tels que la poire, la pêche, le raisin, etc.

Il m'est arrivé cependant au poste de Phuc-Hoa dans la région de Cao-Bang, de manger du raisin et des pommes, mais ces fruits venus sans culture aucune, à l'état sauvage naturellement, étaient bien loin certainement d'avoir le goût exquis du raisin et de la pomme de nos pays.

Cela prouve néanmoins que lorsque le pays sera devenu complètement tranquille, on pourra arriver à récolter ces fruits dans cette région, ce qui sera une très grande source de richesse pour celui qui entreprendra cette culture, car il fera la concurrence aux maisons d'Hong-Kong auxquelles jusqu'à ce jour les commerçants d'Hanoï et d'Haï-Phong ont toujours été obligés de s'adresser.

Quant aux régions hautes, il en est de même pour les fruits du pays, que pour toutes les autres denrées, il y a généralement peu de ressources, on trouve la mauvaise banane, quelquefois la mandarine et c'est à peu près tout.

Au Tonkin on a droit chaque jour aux vivres de campagne délivrés au magasin des subsistances du poste.

Autrefois, jusqu'en 1888, les lieutenants et sous-lieutenants avaient droit à 1 ration 1/2, les capitaines à 2 rations etc., mais maintenant par ce temps égalitaire, tous les officiers reçoivent la ration simple de l'homme de troupe.

La ration de première catégorie (officiers) comporte donc : le pain, la viande, le vin, le café, et dans les régions hautes, le tafia en plus.

Dans les grands centres, où il y a de plus forts effectifs, on abat tous les jours, mais dans les petits postes on ne peut généralement abattre que tous les deux jours.

Pendant la saison d'hiver, la viande peut facilement se conserver, sauf quelques rares changements de température subits, jusqu'au deuxième jour, mais pendant les fortes chaleurs, afin qu'elle soit encore mangeable le lendemain, il faut immédiatement après l'abatage la mettre dans une jarre ou tout autre récipient, contenant de la saumure.

On se sert généralement pour cela d'un tonnelet

défoncé d'un bout, en prenant bien la précaution de le tenir constamment couvert.

Prendre un cuisinier Annamite, les Européens ne pouvant pas faire la cuisine surtout pendant les fortes chaleurs.

Tout officier qui commande une troupe Indigène prend tout naturellement son cuisinier parmi les hommes de troupe de son détachement, où l'on en trouve toujours quelques-uns qui ont fait ce service.

Les Annamites arrivent à faire passablement la cuisine, mais ce qu'ils apprennent surtout facilement, c'est la pâtisserie.

Un cuisinier Annamite se paie selon ses talents culinaires, bien entendu, le prix peut donc varier entre 6 et 12 piastres par mois, mais pour 12 piastres par mois, l'on doit avoir un maître-queux.

Celui qui vit seul dans une popote ne peut certainement pas avoir un cuisinier aussi accompli, car cela lui coûterait très cher, il prend donc un cuisinier de 6 à 8 piastres par mois, qui lui suffit, à la condition toutefois de le surveiller, car les Annamites se laissent facilement aller au bout de quelque temps, surtout au point de vue de la propreté.

Les Chinois eux, sont alors de vrais cuisiniers, on ne peut guère en avoir que dans les grands centres et ils se paient jusqu'à 20 piastres par mois.

Pour le marché, c'est-à-dire pour tout ce que le cuisinier peut acheter sur place, poulets, œufs, porc, poisson, etc. selon les ressources du pays, il ne faut pas lui donner tant par tête et par jour, 20 cents par exemple, comme beaucoup le font, c'est un très mauvais système.

Il faut avoir un cahier sur lequel on inscrira jour par jour les dépenses faites par le cuisinier pour le marché.

Il est évident qu'il fera danser tant soit peu l'anse du panier tout aussi bien que pourrait le faire le meilleur de nos cordons bleus en France, mais comme l'on finit par connaître soi-même à peu près les prix courants, il ne pourra pas le faire d'une manière trop sensible.

En faisant la balance à la fin du mois, il sera facile de voir que ce système est le meilleur.

Pour le service de table, on le fait généralement faire par son soldat-ordonnance, lorsqu'on est seul, car s'il fallait encore payer un boy maître d'hôtel, cela finirait par devenir trop onéreux, pour la maigre solde des lieutenants et sous-lieutenants qui a été considérablement diminuée depuis plusieurs années et qui n'y suffirait pas, surtout pour les officiers commandant les troupes européennes qui sont en outre obligés d'avoir un coolie employé à couper de l'herbe pour la nourriture des chevaux.

Jusqu'alors j'ai toujours supposé que l'officier se trouvait seul dans son poste, ce qui arrive d'ailleurs très fréquemment, aussi la vie revient-elle généralement très cher dans ces conditions, précisément à cause de ce nombreux personnel que l'on est obligé d'occuper, quoique ne vivant que relativement bien.

Lorsqu'il y a trois ou quatre officiers dans une popote, on ne doit pas dépenser plus de 30 à 35 piastres par tête et par mois, tous les frais compris, avec les passages d'officiers qui peuvent se produire, tout en ayant une bonne table.

Plus une popote compte de membres moins elle doit coûter cher, à moins de faire des dépenses exorbitantes de liquides tels que : vins fins, champagne, bières, etc., ce qui avec le nombreux personnel fait toujours considérablement monter le prix des popotes.

Le champagne est certainement ce que l'on peut boire de meilleur au Tonkin, lorsqu'il est de bonne marque, on en fait même prendre aux malades dans les Hôpitaux dans certains cas, mais on ne peut en faire une boisson habituelle, qui serait trop capiteuse.

Puisque je parle des boissons, je vais indiquer celle qui me paraît être la meilleure pour la table.

Le vin délivré par les Services Administratifs est ce qu'il y a de meilleur au Tonkin, mais il est très alcoolisé, car venant de France ou d'Algérie, il lui a fallu faire le voyage.

La ration de vin qui est de 46 centilitres, n'est pas

suffisante, principalement pendant la saison d'hiver où l'on peut boire le vin pur.

Dans les postes des hautes régions, où il n'y a pas de négociants Français, les officiers sont autorisés ainsi que les hommes de troupe Européenne, à prendre chaque mois un certain nombre de litres de vin à titre remboursable au magasin aux vivres.

Ce vin, comme je l'ai déjà dit, est généralement bon, et en mettant en bouteilles certaine bordelaise exceptionnelle, que l'on a soin de bien cacheter à la cire, et de laisser vieillir pendant quelque temps, on arrive ainsi à obtenir un vin excellent, que l'on peut offrir comme vin fin à ses meilleurs amis.

Pendant l'hiver, on boit plus facilement le vin pur que pendant la saison chaude, où il faut mettre de l'eau.

Au lieu de mettre dans son vin une eau plus ou moins bien filtrée, car on ne peut constamment avoir l'œil sur son personnel, faire préparer par son cuisinier pour chaque repas du thé très léger qu'il laissera refroidir avant l'heure de manger.

Cette infusion de thé remplacera très avantageusement l'eau filtrée et donnera une boisson aussi agréable qu'hygiénique.

Lorsque le thé est même un peu chaud, ça n'en est pas du tout plus désagréable.

Les Annamites ont d'ailleurs l'habitude de le prendre complètement bouillant, même pendant les plus fortes chaleurs, ce qui est le meilleur moyen de se rafraîchir en route lorsqu'on est très altéré, moyen que j'ai toujours employé dans les régions qui n'étaient pas complètement désertes et où l'on pouvait rencontrer des marchandes de thé sur le chemin.

J'ai vu des officiers, en petit nombre, il est vrai, qui supprimaient même le vin totalement et ne buvaient que du thé en mangeant.

Je ne suis pas du tout de cet avis, car je trouve que dans un pays où nous nous débilitons très rapidement, l'Européen doit boire du vin, mais je préconiserai toujours l'emploi du thé léger chaud ou froid, en remplacement de l'eau crue ou de l'eau filtrée dans le vin.

Pour terminer ce chapitre qui a trait à l'alimentation, je recommanderai tout spécialement la salade d'aréquier à ceux qui étant dans le Delta ou sur ses confins, peuvent en trouver facilement.

Quant aux fameux nids d'hirondelles et ailerons de requins, ce sont des mets de Dieux que l'on doit faire venir d'Hong-Kong par l'intermédiaire des maisons d'Hanoï ou d'Haï-Phong.

Les malheureux officiers de troupe qui sont destinés aux postes des hautes régions, n'auront donc jamais l'occasion de s'offrir ces plats exotiques que l'on ne trouve pas dans la brousse.

CHAPITRE IV.

DU LOGEMENT AU TONKIN.

Après avoir passé en revue toutes les mesures hygiéniques à prendre, et indiqué la manière de se nourrir au Tonkin, nous allons, pour terminer cette deuxième partie, traiter la question du logement, également très importante au point de vue sanitaire.

Au Tonkin, bien que le Service des Constructions soit entre les mains de l'artillerie de Marine, les Chefs de poste construisent généralement eux-mêmes leurs postes, tant au point de vue de la défense qu'à celui du logement.

Il n'y a que dans les grandes villes telles qu'Hanoï et Haï-Phong, ou dans les centres un peu importants comme : Bac-Ninh, Dap-Cau, Ti-cau, etc., où ces travaux soient faits par le Service des Constructions.

Dans les hautes régions, ce sont donc les Chefs de poste qui font les plans et devis, les soumettant par la voie hiérarchique à l'artillerie de Marine qui accepte les dépenses et le plus souvent les réduit.

Le Commandant de poste doit donc être officier du génie et architecte à la fois.

Dans les régiments de tirailleurs Tonkinois existe une masse de baraquement alimentée par une certaine somme allouée par homme et par jour.

Le Conseil d'Administration du Régiment répartit cet argent entre les différentes compagnies pour les travaux de construction, selon les besoins de chacune d'elles.

Il en conserve certainement une bonne partie pour la portion centrale du Corps, mais il se montre gégénéralement plus généreux que le Service des Constructions.

Dans les troupes indigènes on peut faire exécuter aux hommes eux-mêmes certains travaux, comme faire des paillottes, travailler le bambou, etc., travail que des Européens ne peuvent pas faire, et pour lequel on est obligé d'employer des coolies que l'on paie relativement cher, ce qui augmente le prix de revient.

Il arrive donc ainsi que, dans la plupart des postes des hautes régions, les troupes indigènes sont toujours mieux logées que les troupes européennes elles-mêmes, ce qui à première vue peut paraître étrange.

Cela tient évidemment au système qui est très défectueux.

L'artillerie de Marine chargée du service des constructions et qui tient les cordons de la bourse, commence par conserver la plus grande partie des crédits alloués pendant l'exercice, pour faire bâtir de belles et grandes Casernes dans les grands centres pour les siens d'abord, d'après ce proverbe que : charité bien ordonnée est de commencer par soi-même, et n'accorde que des sommes très minimes à certains postes, sous prétexte qu'ils ne sont pas définitifs.

Les troupes qui occupent des postes situés dans des régions déjà réputées malsaines généralement, se trouvent en outre logées dans des conditions défectueuses au point de vue de l'hygiène.

On comprend jusqu'à un certain point que l'on construise de beaux Casernements, durables, dans les grandes villes, mais il ne faut pas cependant que ce soit complètement au détriment de ceux qui sont constamment à la peine.

A ceux-là on ne peut certainement faire de belles Casernes comme à Hanoï ou à Haï-Phong, mais on doit au moins par humanité les mettre à l'abri du soleil et de la pluie.

Dans les hautes régions, la masse de baraquement devrait donc exister pour les troupes européennes, comme elle existe partout pour les troupes Indigènes.

La répartition étant faite équitablement dans

chaque Corps, les Chefs de poste auraient ainsi les moyens de faire des constructions durables et chacun y trouverait son compte.

Lorsqu'on a un poste à construire, la première chose à faire est la fortification.

A ce sujet, je rappellerai une circulaire, ancienne déjà et tombée en désuétude, il y en a eu tant d'autres depuis ! et que j'ai toujours présente à la mémoire, tant elle m'a paru sage entre toutes.

Cette circulaire qui date de 1886, est du général Jamont qui commandait alors le Corps Expéditionnaire du Tonkin ; elle recommandait aux Chefs de poste de faire tous les travaux nécessaires pour mettre leurs postes en état de défense, mais toutefois sans tomber dans l'exagération, de manière à bien montrer à ceux que nous avions à combattre que nous estimions n'avoir pas besoin de nous fortifier d'une manière bien sérieuse contre leurs attaques.

Or, le général Jamont qui a aujourd'hui un des plus beaux commandements, car il exerce un commandement d'avant-garde sur notre frontière de l'Est, sur lequel la France entière peut compter, dont le sang-froid et la compétence sont connus de tous, en adressant cette circulaire à ses officiers, a montré qu'il connaissait bien notre adversaire, et jusqu'à quel point nous avions à le redouter.

Une forte palissade, de 3 à 4 mètres de hauteur,

comme enceinte extérieure, et un simple parapet à l'intérieur pour abriter les tireurs, voilà tout ce que prescrivait cette circulaire.

Pour le parapet, je conseillerai de faire un gabionnage de 1^m,20 de hauteur environ, à cause de la petite taille des Indigènes qui forment la plus grande partie de la garnison, et de 0^m,80 d'épaisseur.

Après l'avoir complètement comblé de terre, on a une ligne de défense plus que suffisante, derrière laquelle la troupe se trouvera parfaitement abritée contre les feux de l'ennemi en cas d'attaque.

Faire la palissade, 7 ou 8 mètres en avant du parapet autant que possible, et il n'y aura jamais rien à craindre contre aucune surprise des bandes pirates.

Je n'ai d'ailleurs jamais vu, pendant mes différents séjours au Tonkin, d'exemple où un poste militaire ait été attaqué sérieusement.

Je ne me rappelle qu'un seul poste, celui d'An-Chau en 1888, à l'intérieur duquel des pirates avaient pu pénétrer pendant la nuit, par un trou pratiqué dans la palissade, dans le but d'aller voler des armes dans le magasin.

Mais fort heureusement on s'en aperçut à temps, et ils durent sortir par où ils étaient entrés, en laissant bon nombre des leurs sur le terrain.

Les travaux de défense étant terminés, faire des constructions dans les conditions voulues.

On n'a généralement pas la possibilité de faire

des constructions en briques, ce qui demande beaucoup plus de temps ; il faut donc faire de simples cases en torchis, couvertes en paillottes ou en feuilles de latanier, ce qui est encore préférable, si l'on en trouve dans le pays.

Orienter autant que possible les bâtiments en ayant bien le soin de diriger le grand axe de l'Est à l'Ouest, c'est cette orientation qui permet d'avoir le minimum de chaleur et le maximum d'aération.

Surélever le sol de $0^m,50$ environ, pour avoir moins d'humidité, s'il y a dans les environs une vieille pagode tombant en ruines, y prendre des briques pour paver les cases du poste.

Faire une vérandah de $1^m,50$ à 2 mètres de largeur, sur tout le pourtour des cases.

Lorsque l'on construit une case, on la fait d'abord tout naturellement dans les conditions requises, en vue des fortes chaleurs, c'est à dire, avec le plus d'ouvertures possible, afin que l'air puisse y circuler librement.

Il faudra donc à l'approche de la saison froide, faire toutes les modifications nécessaires, pour préserver ceux qui doivent l'habiter pendant l'hiver.

Faire pour cela des plafonds en caï-phen, ce qui est très facile, le bambou se trouvant à peu près partout au Tonkin, et boucher par le même moyen toutes les ouvertures qui auraient pu être pratiquées pendant l'été.

Le treillage en bambou terminé, faire le torchis avec de la terre grasse, et de la paille de riz hachée menu.

Dans les régions hautes, on ne peut que très rarement trouver de la paille de riz ; se servir de vieilles paillottes ou d'herbes bien sèches hachées très menu également.

Le torchis terminé, faire un crépi avec un mélange de sable et de chaux, si l'on peut en avoir ; le mur deviendra ainsi très solide et ne se lézardera jamais.

Pour couvrir les cases dans les régions hautes, employer lorsqu'on le peut, la feuille de latanier ; c'est bien certainement la meilleure couverture et la plus durable ; vient ensuite la couverture en paille de riz.

Mais le plus souvent dans les régions hautes qui sont désertes, on ne peut trouver ni l'une ni l'autre ; il faut alors couvrir tout simplement en paillottes faites avec des herbes hautes que l'on trouve aux environs du poste.

Dans les régions quelque peu habitées, on trouve parfois d'anciennes pagodes abandonnées que l'on peut utiliser pour les constructions, soit en les aménageant, soit en employant les briques qui proviennent des démolitions, pour construire des cases en briques, ce qui est bien préférable au mur en torchis.

Lorsque l'on a à construire un poste, lui donner le plus d'ombrage possible, en conservant le plus grand nombre des arbres qui se trouvent sur l'emplacement même du poste, ce qui est quelquefois et je dirai même toujours facile, dans les régions montagneuses qui sont constamment boisées, la fraîcheur donnée par l'ombrage de ces arbres devant être très appréciable pendant la saison des fortes chaleurs, et la verdure elle-même étant un palliatif contre les ardeurs d'un soleil torride.

Le moment que l'on doit choisir pour construire au Tonkin est naturellement l'hiver, c'est-à-dire la saison sèche.

Lorsque l'on construit, ne pas employer la troupe, soit européenne, soit indigène, à remuer la terre, car on y gagne très rapidement la fièvre.

C'est déjà beaucoup trop d'être obligé de vivre sur un sol fraîchement remué, aussi les troupes qui sont restées dans un poste pendant toute la durée de sa construction, sont-elles toujours très éprouvées par la maladie, il faudrait donc que les postes ne soient occupés qu'après leur achèvement complet, ce qui n'est malheureusement pas possible.

Les hommes de troupe seront employés pour les constructions aux travaux qui leur conviennent le mieux.

Les Européens par exemple, feront la menuiserie et la maçonnerie, s'il y a lieu, les Indigènes feront les paillottes et travailleront le bambou, etc.

Mettre des caï-phen sur les couvertures en paillottes pour les retenir en temps de fort vent, et les empêcher de se dégrader aussi rapidement; la meilleure paillotte ne pouvant généralement pas durer plus de deux étés, c'est-à-dire deux saisons de fortes pluies.

Au bout de deux années, une couverture en paillottes a donc besoin d'être refaite complètement; en la recouvrant d'une caï-phen, on peut arriver à la faire durer un an de plus.

La caï-phen offre en outre l'avantage de rendre la couverture en paillottes moins inflammable.

Dans certains postes très petits, où les cases sont généralement très proches les unes des autres, des flammèches, venant des cuisines qui tomberaient en temps de sécheresse sur les paillottes, pourraient communiquer le feu très rapidement à tout le poste.

L'officier pourra faire une cheminée dans son logement personnel, pour avoir du feu pendant l'hiver, si cela n'offre aucun danger pour la sécurité générale du poste.

Il est bien prescrit d'avoir toujours dans les postes un certain nombre de bailles constamment pleines d'eau, ainsi qu'une échelle et plusieurs tampons à chaque case en cas d'incendie, mais malgré toutes les mesures prises, il serait très difficile de faire la part du feu, dans un poste où toutes les cases sont couvertes en paillottes, surtout lorsqu'il faut aller chercher l'eau à une certaine distance comme cela a généralement lieu.

La meilleure précaution à prendre pour éviter l'incendie dans un poste, est donc de mettre les cuisines et la boulangerie le plus loin possible des autres cases.

Le cimetière devra toujours être sur un tertre assez élevé où les eaux ne puissent pas arriver pendant la saison des pluies, et assez éloigné de l'arroyo où est puisée l'eau potable, afin qu'elle ne se trouve pas corrompue par ce voisinage.

Avant de construire un poste, reconnaître l'emplacement des latrines d'après le vent dominant, pour ne pas les placer sous le vent, choisir autant que possible un endroit hors du poste, à moins que n'étant très grand on puisse y trouver un point convenable.

Dans les petits postes faire placer chaque soir à l'intérieur un certain nombre de baquets d'après l'effectif de la garnison, afin que les hommes puissent y faire leurs nécessités pendant la nuit.

Pour éviter les épidémies on devra en été faire jeter chaque jour dans les latrines du désinfectant qui sera fourni par le Service des Constructions et que l'on devra lui réclamer en temps voulu.

Les coolies de place qui sont chargés de nettoyer les latrines, enlèveront les baquets tous les matins pour les replacer le soir à l'arrivée de la nuit.

On est le plus souvent obligé pour faire des constructions, d'employer des ouvriers annamites, faute d'avoir sous la main les hommes de métier et les outils nécessaires.

Les ouvriers annamites travaillent avec leurs outils bien différents des nôtres et tout à fait primitifs.

Il suffit donc de leur faire sur le terrain même une ferme type à l'aide de bambous, suivant la dimension à donner à la case, la largeur de la vérandah et la profondeur des poteaux en terre.

Leur désigner ensuite le nombre de fermes à faire d'après la longueur de la case, et leur indiquer l'intervalle entre chacune d'elles pour la longueur à donner aux traverses qui serviront à les relier entre elles.

Leur indiquer également le nombre de portes et fenêtres qui doivent être pratiquées et où elles doivent être placées.

Ces indications données aux ouvriers charpentiers, les laisser travailler en donnant bien entendu de temps à autre le coup d'œil du Maître, pour s'assurer qu'ils exécutent bien le travail d'après les dimensions qui leur ont été données, et s'ils sont à la journée, qu'ils ne le traînent pas trop en longueur.

Les ouvriers annamites en effet, tout aussi bien que beaucoup d'ouvriers en France, s'entendent

6

parfaitement à prolonger un travail qu'ils ne sont pas astreints à faire à la tâche.

Nous payons les Annamites très cher, ce qui a été un très grand tort dans les débuts ; pendant la campagne on a beaucoup trop augmenté les salaires, et il a fallu les diminuer pour raisons budgétaires.

Aujourd'hui encore cependant dans certaines régions, les coolies, c'est-à-dire les hommes de peine ou porteurs, sont payés 15 et 20 cents par jour et reçoivent en outre la ration journalière de riz de huit cents grammes, qui représente environ 5 cents.

Ils sont actuellement plus payés que les tirailleurs tonkinois, qui reçoivent à peine 15 cents par jour, et n'ont droit à la ration de riz que lorsqu'ils sont en colonne.

Les tirailleurs tonkinois étant généralement mariés n'arrivent donc que très difficilement à nourrir leurs femmes et leurs enfants avec leur solde.

Les coolies avant notre occupation du Tonkin recevaient des Chinois tout simplement le riz et quelques sapèques par jour.

L'ouvrier d'art, le charpentier, le menuisier, etc., celui en un mot qui exerce un métier, reçoit au minimum 20 cents par jour et la nourriture.

Il est donc toujours préférable, autant que cela est possible, d'employer des ouvriers qui travaillent à la tâche.

TROISIEME PARTIE.

LA GUERRE ACTUELLE AU TONKIN.

CHAPITRE PREMIER.

RENSEIGNEMENTS SUR LES RÉGIONS MONTAGNEUSES.

Le premier soin de tout officier arrivant dans les hautes régions doit être d'acquérir le plus rapidement possible la connaissance du terrain, et on ne peut y arriver réellement qu'en le parcourant dans tous les sens et après un certain temps.

Je vais donc essayer de donner dans ce chapitre, quelques renseignements généraux sur les régions montagneuses au Tonkin, qui pourront être d'une très grande utilité à ceux qui seront appelés à y guerroyer dans l'avenir, pour leur apprendre à connaître rapidement les environs de leur poste dans quelque région que ce puisse être.

Que l'on aille en effet sur le Haut Fleuve Rouge, la Rivière Noire ou la Rivière Claire, dans le Bao-Day, dans la région de Cao-Bang, ou dans le haut Yen-Thé, toutes ces régions montagneuses, bien que différant en ceci, par exemple, que dans la région de Cao-Bang comme dans le Caï-Kinh, ce sont des rochers à peu près inabordables, que dans le Haut Yen-Thé on rencontre généralement de grandes montagnes boisées, tandis que dans le Bao-Day, les montagnes sont le plus souvent couvertes de brousse et de hautes herbes inextricables ; elles offrent toutes ce point commun, qu'elles nous présentent les unes comme les autres des obstacles naturels très grands et très nombreux, et qu'elles sont toutes aussi propices à notre adversaire pour l'embuscade, n'ayant comme chemins que de simples sentiers que l'on a quelquefois peine à suivre au milieu des hautes herbes ou des futaies, en marchant à la file indienne comme les Indigènes eux-mêmes.

Le plus souvent le chemin n'est qu'un arroyo suivant une vallée, complètement desséché pendant l'hiver, mais qui, pendant la saison des pluies, grossi par les eaux descendant en torrents des grandes montagnes, ne peut être suivi pendant l'été.

La seule saison pendant laquelle on peut faire des opérations militaires dans les régions montagneuses est donc la saison sèche.

Dans une vallée même assez large où l'on n'est pas

enserré par de hautes montagnes de chaque côté comme entre deux murailles, il faut conserver le même ordre de marche, car il serait impossible de marcher autrement à cause des hautes herbes où des hommes allant isolément risqueraient même de se perdre ou de se faire enlever, s'ils s'écartaient quelque peu du gros de la troupe.

On rencontre sur sa route une série de cols successifs plus ou moins difficiles à gravir pour passer d'une vallée à une autre.

Plus on pénètre dans l'intérieur des massifs plus les difficultés augmentent, bien entendu, les vallées se rétrécissant et les montagnes ayant plus d'altitude, à tel point que dans la région de Cao-Bang comme dans le Caï-Kinh, j'ai vu certains endroits qui ne sont pas l'exception, où il fallait faire hisser les hommes pour y arriver.

On ne peut d'ailleurs mieux se rendre compte en arrivant au Tonkin des grandes difficultés que l'on peut rencontrer dans ces régions, qu'en observant bien la baie d'Along.

On voit en effet dans la région de Cao-Bang des villages perchés au haut des rochers, comme les nids des aigles ou autres oiseaux de proie dans la baie d'Along.

Les opérations militaires y présentent donc les plus grandes difficultés à cause de la nature particulière du terrain, massif rocheux, fouillis inextricable de pics d'une grande hauteur et tous presque inaccessibles, séparés les uns des autres par des cirques en forme de cratères pareils à des puits, des villages accrochés aux flancs des rochers auxquels on ne peut arriver qu'à l'aide de cordes et d'échelles.

On trouve bien également un village au pied du rocher, mais les habitants ont transporté au village supérieur ce qu'ils ont de plus précieux, et leur réserve de riz, la récolte terminée.

C'est là d'ailleurs qu'ils ont l'habitude de se réfugier en cas d'incursion des bandes pirates, leurs échelles enlevées, ils s'y trouvent en effet complètement à l'abri du pillage de ces bandes.

Les bandes pirates occupent généralement, elles aussi, des grottes situées dans les mêmes conditions, où elles ont tous leurs approvisionnements; il est donc très difficile d'y arriver surtout lorsque l'on reçoit des coups de feu partant derrière chaque rocher.

Avant de se mettre en route dans les régions hautes, il est toujours prudent d'avoir la précaution d'emporter avec soi une corde assez longue, et quelques outils, haches, etc.

Dans les troupes Indigènes chaque homme a un coupe-coupe, qui fait d'ailleurs partie de la tenue de route du tirailleur tonkinois.

Chez les Européens, il n'y a qu'un certain nombre de ces outils par compagnie.

Chaque fois que l'on part en colonne, il est donc absolument indispensable de les emporter dans un pays où l'on est obligé bien souvent de se frayer un chemin, même en simple reconnaissance.

La corde que l'on emportera pour s'en servir dans différentes circonstances, pour passer un arroyo par exemple, qui pendant la saison des pluies aura fortement grossi, ou dans un passage difficile pour faire escalader un rocher à sa troupe devra être très solide.

On pourra également en colonne avoir avec soi plusieurs petits paniers de rizières tels qu'en ont les Indigènes du Delta, facilement transportables par des coolies qui seront d'une grande utilité pour faire passer à sa troupe certains arroyos un peu importants par lesquels on se trouve bien souvent arrêté dans sa marche.

Pendant la marche, faire mettre le feu par l'arrière-garde aux hautes herbes qui bordent généralement le chemin, en ayant soin de prendre au préalable la direction du vent, c'est une mesure que je n'ai jamais manqué de prendre aux environs des différents postes que j'ai commandés au Tonkin, ce qui n'avait aucun inconvénient puisque le pays était à peu près désert, et offrait en outre l'avantage de permettre de découvrir les abords du chemin, et d'empêcher toute embuscade.

Si des convois par eau et même par terre ont été

arrêtés quelquefois, comme sur la route de Lang-Son, par exemple, il y a quelques années, et plus récemment encore sur la route de Cao-Bang, cela a toujours été à des endroits fourrés et couverts de brousses qu'on n'avait jamais eu l'idée de débroussailler.

Il est en effet complètement inutile de faire de larges routes si on laisse pousser les hautes herbes sur les côtés où l'ennemi pourra se cacher pour attendre l'arrivée des escortes et tuer les hommes à bout portant.

Il faut donc faire débroussailler les abords des routes jusqu'à une certaine distance, pour voir clair tout autour de soi, et ce qui est plus simple encore faire mettre le feu pendant la saison sèche aux hautes herbes aux abords de tous les chemins, on s'évitera ainsi bien des déceptions.

Les arroyos, comme je l'ai déjà dit, sauf les rivières et les fleuves, bien entendu, sont presque toujours à sec pendant la saison d'hiver dans les régions montagneuses; c'est pendant cette saison qu'il faut surtout les parcourir pour bien connaître le terrain, car ce sont généralement les chemins naturels du pays.

C'est aussi sur les bords des arroyos que l'on trouve les campements et les retranchements pirates, car outre qu'on y a l'eau, les rives des arroyos étant toujours très fourrées, ce qui permet d'y construire des abris et même des cases, on peut y faire du feu sans être aperçu à de grandes distances.

Chaque fois que l'on suit un arroyo il faut donc marcher avec beaucoup de prudence dans la crainte de tomber sur un repaire de pirates sans s'en douter.

Les arroyos sont très nombreux dans les régions hautes du Tonkin, et ce n'est qu'en les parcourant tous qu'on arrive à connaître complètement les environs d'un poste.

On rencontre sur sa route à chaque instant un simple filet d'eau, et l'on croit bien souvent passer un nouvel arroyo, lorsque c'est toujours le même que l'on traverse un certain nombre de fois, les arroyos comme les chemins faisant de nombreux circuits.

C'est pourquoi le travail topographique est si pénible au Tonkin pour les Chefs de poste.

Chaque Chef de poste relève en effet une certaine étendue de terrain aux environs de son poste le plus consciencieusement possible, la carte est donc relativement juste dans ses détails, mais lorsqu'elle a été raccordée par le bureau topographique à Hanoï, la carte générale est absolument fausse.

Cela est d'ailleurs très facile à comprendre, ceux qui sont chargés de faire la carte du Tonkin n'ayant jamais vu le terrain ne peuvent en avoir aucune idée, et le représenter tel qu'il est.

Puisqu'il y a à Hanoï un bureau topographique, on devrait envoyer les officiers topographes faire d'abord le travail sur le terrain pendant la saison sèche, c'est-à-dire pendant l'hiver ; on débarrasserait ainsi les Commandants de poste de ce surcroît de travail, car il est difficile de commander une troupe en marche et de pouvoir faire en même temps de la topographie bien exacte.

Les officiers topographes ayant bien dans la tête le terrain qu'ils auraient parcouru, étant rentrés à Hanoï, seraient d'ailleurs plus en mesure pour faire la carte d'ensemble dans leurs bureaux, pendant la saison où ils ne pourraient marcher.

J'ai dit plus haut que le plus souvent le chemin dans les hautes régions, n'était que l'arroyo lui-même.

Je donnerai comme exemple sur la route de Lang-Son à Cao-Bang, le chemin allant du poste de Dong-Khé au poste de Phuc-Hoa, à l'Est, vers la frontière de Chine, à peu de distance de la porte de Thuy-Cau.

Sur six ou sept heures de marche environ, on suit successivement deux arroyos différents, pendant presque cinq heures de temps, c'est-à-dire qu'on ne peut aller d'un poste à l'autre que par l'arroyo qui est le chemin le plus direct et le seul qui existe reliant ces deux postes.

Je recommanderai pour marcher dans les régions montagneuses de prendre un bâton en rotin très long à bout ferré et très solide, toujours utile soit pour monter, soit pour descendre dans un pays accidenté et qui peut en outre servir dans un terrain marécageux et glissant.

Il sera en outre bon d'avoir constamment en route un fort couteau de chasse que l'on portera à la ceinture, qui pourra être d'une très grande utilité, pour couper une liane ou dans d'autres circonstances.

Au Tonkin, tous les officiers de troupe sont montés; les chevaux annamites de petite taille, 1^m,20 généralement, sont très précieux dans les hautes régions.

Très faciles à nourrir, le paddy, bien souvent l'herbe, les pousses de bambou leur suffisent; ils réclament peu de soins.

Pour la marche ce sont les seuls chevaux qui peuvent servir dans ces pays accidentés, en raison même de leur très petite taille qui leur permet de passer partout, de leur tempérament excessivement nerveux et de leur grande résistance à la fatigue.

Mais il ne faut pas chercher à les diriger dans les endroits très difficiles, leur laisser au contraire complètement la bride sur le cou, flairant alors le terrain, ils franchiront tout tranquillement n'importe quel obstacle, tandis que si l'on veut les guider à la bride, leurs mouvements se trouvant pour ainsi dire paralysés, ils auront peur et hésiteront pour avancer.

C'est depuis 1887 seulement que les officiers de tous les Corps de troupe sont montés au Tonkin.

Pendant la conquête il n'y avait que les officiers régulièrement montés en France, c'est-à-dire depuis le grade de capitaine qui avaient un cheval, sauf dans les Corps de troupes Indigènes, où les lieutenants et sous-lieutenants en recevaient un de la remonte, parce qu'ils commandaient une troupe spéciale.

Il y avait à cette époque quatre petits chevaux affectés à chaque compagnie Européenne, que l'on appelait chevaux de bât.

Ces chevaux, en effet, bâtés comme des mulets, étaient généralement employés à porter les bagages ou les vivres de la compagnie, devant remplacer un certain nombre de coolies pour les transports.

Mais ce système de transport était très mauvais, car le petit bât lui-même étant déjà très lourd, un petit cheval ne pouvait plus porter que très peu de chose dans les deux petites caisses que l'on devait charger.

Un seul petit cheval ne pouvait donc ainsi porter la charge de deux coolies qui est de 30 kilos en route, aussi est-il bien préférable d'employer pour les transports des coolies porteurs qui passent toujours partout.

Pour le harnachement, on trouve au Tonkin des selleries complètes, au prix de 20 à 25 piastres, qui font toute la durée du séjour dans la Colonie.

Il n'est donc pas utile d'acheter une sellerie avant son départ de France, et même celui qui a une bonne sellerie de prix fera bien de ne pas l'emporter au Tonkin, où elle serait à peu près complètement perdue.

On a tout avantage à en acheter une chez n'importe quel commerçant à son arrivée dans la Colonie, et on trouve quelquefois l'occasion d'en avoir une dans de très bonnes conditions d'un camarade qui rentre en France.

La petite selle que l'on trouve au Tonkin convient d'ailleurs beaucoup mieux à la petite taille des chevaux du pays que la selle de France.

L'officier recevait autrefois 1 franc par jour pour la nourriture du cheval de l'État; depuis 1893 cette indemnité a été réduite à 0 fr. 75, mais le cheval Annamite étant très facile à nourrir, il peut arriver presque toujours pendant la durée de son séjour à se rembourser de ses frais de sellerie.

Cela a été une très bonne mesure de monter tous les officiers des troupes Européennes au Tonkin, car le cheval peut être très utile à un moment donné, surtout dans les régions montagneuses, non seulement pour l'officier à qui il permet de se reposer de temps à autre, mais encore parce que les moyens de transport faisant souvent défaut en route, on peut faire transporter un homme malade et même blessé, ce qui évite une perte de temps, surtout dans un endroit où il serait dangereux de s'arrêter pour fabriquer un brancard.

On avait voulu aussi à une certaine époque remplacer les coolies porteurs par des mulets; bien que ces pauvres bêtes passent dans des endroits très difficiles, ce moyen de transport n'est pas possible dans les régions montagneuses, les coolies seuls sont capables de passer avec leurs charges sur de vrais précipices comme on en rencontre.

Dans les colonnes où il faut emporter de l'artillerie, les pièces de montagne sont toujours portées à dos de coolies.

Il ne peut d'ailleurs en être autrement puisqu'il n'y a pas de chemins; ce n'est donc que lorsqu'il y aura de belles routes dans ces régions que l'artillerie pourra être transportée à dos de mulets, et pourra même rouler.

En partant en colonne, il ne faut pas trop charger les coolies; si l'on dépasse la charge de 30 à 35 kil. au maximum pour deux coolies, on s'expose à ne pas voir suivre ses bagages dans certains passages très difficiles.

Ne pas emporter surtout de caisses trop volumineuses qui dans les pays rocheux ne pourraient passer et risqueraient de tomber dans un précipice.

Jusque vers la fin de 1889 dans les postes des régions montagneuses, éloignés de tout centre, où l'on paie plus cher que dans le Delta des denrées plus mauvaises, les officiers recevaient une indemnité de 2 francs par jour appelée indemnité de marche.

Cette indemnité a été supprimée, bien que l'officier soit à peu près constamment hors de son poste.

Pourquoi a-t-on supprimé cette indemnité qui serait cependant si nécessaire aux officiers de troupe dans certains postes?

On a seulement droit à une indemnité journalière pour les reconnaissances et les colonnes qui doivent durer une certaine période de temps, et pour cela, il faut établir un ordre de route individuel pour chaque officier.

Cette indemnité est fixée à 3 francs par jour pour les officiers subalternes pendant les quinze premiers jours et à 2 francs seulement au delà.

La troupe a également droit à une indemnité, il suffit donc de faire un ordre de route nominatif pour les sous-officiers, caporaux et soldats du détachement.

Les officiers voyageant isolément pour le service ont aussi droit à des vacations sur ordre de route individuel; les officiers subalternes reçoivent 12 francs par jour.

Depuis quelques années seulement tout officier qui entre à l'Hôpital verse la moitié de sa solde Coloniale pendant toute la durée de son séjour à cet

Hôpital, s'il n'y est pas entré pour blessure de guerre.

Je trouve très juste qu'on ne retranche pas la moitié de sa solde à un officier entrant à l'Hôpital pour avoir versé son sang pour le drapeau Français.

Mais quel est donc l'officier qui ne désire pas cette blessure heureuse qui attachera peut-être à sa poitrine ce petit morceau de ruban rouge tant convoité?

Que ne ferait-on pas en effet pour obtenir cette suprême récompense du courage et du patriotisme!

Parce que les hasards de la guerre lui auront été moins favorables, est-il moins juste de laisser la solde entière à un officier entré à l'Hôpital pour une maladie qu'il a contractée dans un poste malsain des hautes régions où l'installation est misérable et la nourriture plus que médiocre, résultat des fatigues continuelles de cette existence vagabonde qu'il a menée pendant un temps plus ou moins long, étant toujours par monts et par vaux pour faire des reconnaissances ou courir sus aux pirates?

Mais on est entré dans l'ère des suppressions, et c'est toujours sur la maigre solde des pauvres officiers de troupe que l'on cherche à faire des économies pour arriver à équilibrer le budget de la Colonie.

C'est à M. le Commissaire Général Lidin que revient l'honneur d'avoir trouvé à la fin de l'année 1889, que la situation du Tonkin permettait de mettre cette Colonie sur le même pied que nos plus anciennes Colonies telles que : la Martinique, la Guadeloupe, la Cochinchine, ce qui peut certainement paraître exact à quiconque n'a jamais connu que la ville d'Hanoï, ce qui est le cas.

Pourquoi d'ailleurs faire verser à l'officier la moitié de sa solde Coloniale pendant son séjour à l'Hôpital, et non pas lui faire verser une certaine somme par jour au prorata du grade, comme cela a lieu pour les fonctionnaires civils?

Aussi voit-on ce fait bizarre se produire qu'un fonctionnaire civil en traitement dans un Hôpital Militaire dans les mêmes conditions qu'un officier, paie moins à l'Hôpital que cet officier.

Je sais qu'en France, par exemple, dans les Hôpitaux Maritimes, les officiers de Marine paient moins pendant leur séjour que leurs camarades du grade correspondant de l'infanterie de Marine, bien que leur solde soit généralement supérieure à celle des officiers de terre?

Pourquoi cette anomalie?

Est-ce parce que les uns portent une casquette et les autres un képi?

Si c'est la raison, elle paraît peu admissible.

N'est-il pas contraire à toute équité en effet, de voir de jeunes officiers de Marine, n'ayant que quelques années de service, à l'Hôpital pour soigner un coup de pied de Vénus reçu en s'amusant en escadre, payer moins cher qu'un officier du même grade, aussi ancien de service bien souvent que ceux-ci d'âge, en traitement pour une affection contractée pendant de longues années passées dans les Colonies?

Il serait plus juste de retenir la même somme aux uns comme aux autres, et de ne pas assimiler surtout la situation actuelle au Tonkin, à celle de France, pour faire verser à l'officier de troupe la moitié de sa solde à l'Hôpital, en cas de maladie contractée par les nombreuses fatigues qu'il a éprouvées à faire des colonnes, ou due à son existence difficile dans les postes des hautes régions.

En outre, pourquoi l'unification de la solde n'a-t-elle pas lieu au Tonkin?

Si l'on fait ainsi des suppressions, il serait bon aussi d'accorder à chacun selon ses droits.

Or, il y a déjà de nombreuses années que l'unification des soldes a été faite en France, pourquoi la solde Coloniale n'est-elle donc pas payée d'après les nouveaux tarifs?

Il arrive ainsi que certains sous-officiers rengagés de la Légion Étrangère reçoivent au Tonkin une solde inférieure à celle qu'ils recevraient en Algérie.

Les troupes de la Guerre actuellement dans les Colonies, ne sont que prêtées à la Marine, il ne faut pas l'oublier, les règlements de la Marine ne leur sont pas applicables, et tant que la question de l'armée coloniale n'aura pas été définitivement réglée, on ne doit leur appliquer que les règlements en vigueur dans ce département.

CHAPITRE II.

DE LA TACTIQUE DES BANDES PIRATES.

Nous avons vu dans le chapitre précédent le terrain commun à toutes les régions montagneuses au Tonkin, prêtant surtout à l'embuscade, ce serait certainement mal juger les bandes pirates que de croire qu'elles ne savent pas profiter de ces grands avantages.

Leur tactique toute naturelle d'ailleurs consiste donc simplement à nous attirer généralement dans un passage difficile, si nous n'allons pas nous y jeter nous-mêmes, ce qui nous arrive le plus souvent, parce que nous ne connaissons pas le terrain, lorsque les pirates au contraire ont ce grand avantage sur nous de le connaître à fond, y ayant passé pour la plupart la plus grande partie de leur existence.

Aussi leur est-il très facile en nous voyant nous engager dans une vallée, lorsqu'ils savent que nous ne pouvons passer ailleurs qu'à certain point très difficile, de s'y porter et de prendre toutes les dispositions nécessaires pour nous y attendre, ce pour quoi le temps ne leur manque pas, car notre marche elle-même très lente dans ces pays accidentés, leur laisse tout le temps voulu.

Il est certainement très fatigant pour les mêmes officiers de rester pendant toute la durée de leur séjour au Tonkin, dans les mêmes postes des hautes régions, mais s'il est indispensable de les y laisser parce qu'ils finissent ainsi à la longue à connaître parfaitement les environs du poste, on peut du moins tout en leur demandant l'abnégation la plus complète, se montrer plus généreux à leur égard et leur permettre, ne fût-ce qu'une seule fois pendant leur séjour, de venir passer un congé plus ou moins long dans le Delta, suivant leur degré de fatigue, pour goûter un repos bien mérité dans un centre civilisé et se retremper en quelque sorte.

On devrait surtout prendre cette mesure pour certains postes réputés malsains où les hommes ne restant qu'un temps déterminé, on laisse l'officier indéfiniment jusqu'à ce qu'il n'en puisse plus, sans songer que l'officier Chef de poste, qui se trouve le plus souvent seul officier dans ce poste, doit supporter non seulement la fatigue physique, mais encore la fatigue morale à cause de la grande responsabilité qui lui incombe, fatigue bien plus difficile à supporter que la première.

Aussi faudra-t-il autant que possible ne pas laisser un officier seul dans un poste isolé, mais en mettre toujours au moins deux, afin que lorsque l'un part en colonne ou en reconnaissance, l'autre reste pour la sécurité même du poste.

Cette parenthèse étant fermée, je reviens à la tactique des bandes pirates dans quelque région que ce soit.

Autrefois, lorsque nous avions à combattre les bandes Annamites dans le Delta, la tactique de ces bandes était de nous acculer dans la boucle d'un arroyo ou à un village fortifié qui leur était allié, de manière que la retraite nous soit ainsi coupée.

Dans les régions montagneuses, il n'en sera pas autrement, la tactique restera la même, que le pirate soit Chinois ou Annamite, le terrain seul aura changé.

Un col difficile, une gorge, une vallée très resserrée, avec des flancs inaccessibles, voilà les endroits où on trouvera quelquefois de la résistance, si l'occasion est favorable, pour les bandes pirates, c'est-à-dire si une troupe est bien inférieure en nombre, dans l'espoir d'avoir des armes et des munitions, ou encore pour faire passer un convoi et protéger un campement dans lequel se trouveraient de sérieux approvisionnements.

Le pirate n'attaquera jamais en effet, une troupe par gloriole, mais toujours dans un but intéressé;

il ne dépense pas ainsi ses munitions pour le seul plaisir de tirer, car il ne s'en procure que difficilement et les paie le plus souvent très cher, s'il attaque ce n'est donc que pour l'une des raisons données plus haut.

Jamais une bande ne nous livrera combat en rase campagne, ce sera toujours par surprise et par embuscade ; si elle n'a pas été vue par une troupe en marche ou si n'ayant pas été prévenue assez tôt de son arrivée, elle n'a pu prendre ses dispositions d'avance, elle la laissera passer sans l'inquiéter.

Combien d'endroits propices à la guerre d'embuscade rencontre-t-on en effet dans les hautes régions, que ce soit par eau ou par terre !

Dans la marche par eau, plus on remonte un cours d'eau, plus la navigation devient difficile, car on arrive aux rapides.

Dès les débuts, les rives n'étant pas encore trop encaissées, les coolies sampaniers peuvent descendre à terre pour tirer l'embarcation à la cordelle et la remorquer comme chez nous les chevaux sur les chemins de halage des canaux, mais plus on avance dans les massifs montagneux, plus les rives deviennent escarpées et sont couvertes de broussailles.

Les obstacles ne font alors qu'augmenter, surtout pendant la saison sèche, car les eaux étant basses et de nombreux bancs de sable émergeant du lit du fleuve, on ne peut plus suivre qu'un simple chenal, comme sur le Fleuve Rouge et la Rivière Noire.

Plus haut encore ce sont des rapides qu'il est très difficile de remonter, il faut alors avancer à la gaffe et la marche devient de plus en plus lente.

Quelquefois même il faut descendre de l'embarcation, la décharger complètement, se mettre dans l'eau pour pouvoir la monter d'un rapide à l'autre, et la recharger ensuite.

C'est toujours à ces endroits où les rives sont très encaissées et généralement fourrées que les bandes pirates attendent les convois pour les attaquer, mais si elles ont malheureusement trop souvent tué et blessé beaucoup de monde dans ces circonstances, elles n'ont réussi du moins que bien rarement à s'emparer d'un convoi.

Il est vrai que les pirates attaquent bien peu souvent les convois de vivres où ils ne pourraient trouver que du riz qui puisse être à leur convenance, piller un convoi de vivres ne pourrait donc leur être d'une très grande utilité, puisqu'ils ne vivent pas de la même manière que nous.

S'ils attaquent parfois un convoi, soit par terre, soit par eau, c'est parce qu'ils croient qu'il transporte des piastres, des munitions, ou des armes.

On a vu rarement les pirates couper les fils des lignes télégraphiques, même dans les régions les plus désertes, où il est cependant avéré pour tous que la piraterie existe.

S'il y a de temps à autre interruption dans les communications, cela est dû le plus souvent à un fort orage, ou à la vétusté d'un poteau renversé par terre, c'est-à-dire à une cause naturelle, plutôt qu'à la malveillance même des bandes pirates.

Nous avons vu les grandes difficultés que l'on rencontrait pour remonter les fleuves au Tonkin et même certains arroyos un peu importants pendant la saison sèche, les difficultés sont encore bien plus grandes lorsqu'il faut les remonter pendant la saison des pluies, car on a alors à lutter contre des courants très forts, ce qui rend la navigation encore plus difficile.

Ainsi s'explique-t-on la raison pour laquelle on met si longtemps pour monter à Lao-Kay par exemple par voie d'eau, lorsqu'il faut relativement peu de temps pour en descendre par la même voie ; néanmoins c'est encore généralement le moyen le plus commode de ravitailler les postes les plus éloignés des centres.

Si les pirates n'attaquent pas plus fréquemment nos convois de vivres par eau, ces convois n'ayant pas le plus souvent d'escorte, ou n'en ayant qu'une très faible ; s'ils n'interdisent pas en outre toute communication entre les postes de l'intérieur et les postes isolés, soit en coupant les fils télégraphiques, soit en arrêtant les courriers, car il ne resterait plus alors que la télégraphie optique, service qui ne peut pas toujours fonctionner dans les hautes régions comme en temps brumeux par exemple ; il faut réellement que les bandes pirates n'aient pas l'intention de nous chasser du pays comme certains le prétendent, puisqu'elles ont toutes facilités pour nous couper à la fois, les vivres et les communications.

Il leur serait d'ailleurs très facile d'inquiéter nos postes disséminés, par des alertes fréquentes de nuit, de les fatiguer en les tenant constamment en éveil par quelques coups de feu, et il est même surprenant qu'elles n'emploient pas plus souvent cette tactique pour mettre sur les dents nos garnisons, d'un effectif généralement très restreint.

Les trams eux-mêmes passent dans les régions les plus troublées sans être inquiétés. Paient-ils une redevance aux pirates pour avoir le passage libre ? Cela est encore possible, mais ils se gardent bien de nous le dire, et les courriers arrivent presque toujours à leur destination, sauf de très rares exceptions.

Cao-Bang ainsi que tous les postes militaires de la région situés sur la frontière même de Chine, sont ravitaillés par voie fluviale.

Les convois fluviaux à destination de Cao-Bang partent de That-Khé, et d'après une convention avec la Chine qui date de plusieurs années, autorisant nos convois de ravitaillement à passer sur le territoire Chinois à condition de ne transporter ni armes ni munitions, pénètrent en Chine sans aucune escorte, passent à Lang-Tchéou ville commerçante Chinoise située sur la rivière de Cao-Bang au confluent du Song-Ki-Kong, pour rentrer ensuite sur la frontière Tonkinoise et monter à Cao-Bang par le Song-Bang-Giang.

Ces convois ne rencontrent que le poste de Phuc-Hoa, situé sur le Song-Bang-Giang même peu éloigné de la porte de Thuy-Cau, pendant tout le trajet de la frontière Chinoise à Cao-Bang.

Or, cette région en raison même de la proximité de la frontière est constamment infestée de pirates, je n'ai cependant jamais entendu dire qu'aucun de ces convois libres ait été pillé ni même attaqué, lorsqu'au contraire les bandes attaquaient sur la route de Lang-Son des convois qu'elles croyaient transporter des piastres, des armes et des munitions.

Nous avons vu combien il serait facile aux bandes pirates de nous couper les vivres en arrêtant nos convois de ravitaillement par voie fluviale, si elles le voulaient, en ne mettant que très peu de monde en campagne.

Par voie de terre cela leur serait encore bien plus facile à cause du manque de routes dans les hautes régions, où l'on est obligé d'employer des coolies pour transporter les vivres.

Or, le convoi le moins important occupe de suite une très grande profondeur sur les simples sentiers où coolies et hommes d'escorte doivent marcher constamment les uns derrière les autres.

C'est d'ailleurs une habitude tellement ancrée chez les Indigènes, que dans le Delta où il y a actuellement des routes d'une largeur de 5 à 6 mètres et plus, les Annamites se rendant au marché par groupes continuent à marcher en file indienne comme ils le faisaient sur leurs simples dos de rizières, et l'on retrouve sur ces grandes routes le même sentier avec ses sinuosités irrégulières, le Tonkinois n'ayant pas le sentiment de la ligne droite.

Cela tient évidemment à la nature même du pays où les fleuves et les arroyos ont les courbes les plus nombreuses et les plus capricieuses, et où dans les massifs montagneux, les mouvements de terrain affectent les formes les plus bizarres.

Un convoi par terre ayant déjà une certaine longueur par sa seule manière de marcher, plus les obstacles seront nombreux, plus le convoi s'allongera pendant la marche.

Après chaque passage difficile, il faut arrêter la tête du convoi un peu en avant de l'obstacle pour permettre à tout le monde de passer et reformer ensuite le convoi.

Là en effet, dans un bas-fond, c'est une fondrière où les coolies s'embourbent, et ont toutes les peines du monde à avancer avec leurs charges, ailleurs on rencontre un arroyo très encaissé et excessivement fourré, plus loin un col très difficile à gravir, autant d'obstacles naturels qui retardent la marche.

Lorsque le convoi a complètement serré, il est bon d'attendre quelques minutes avant de se remettre en route, car les coolies qui se trouvaient en queue auraient à peine le temps de se reposer, la mise en marche d'un convoi se faisant plus rapidement que son serrement.

Ce n'est que dans ces endroits difficiles qu'un convoi ou une troupe en marche peuvent être attaqués par les bandes pirates, car le déploiement y étant complètement impossible, on ne peut pour ainsi dire se présenter à l'adversaire que homme par homme.

Mais généralement celui-ci se retire quand il croit avoir tué ou blessé assez de monde pour arrêter votre marche ou obliger votre retraite, et vous laisse le passage libre, lorsque le convoi ou la bande dont il forme l'arrière-garde est hors de votre atteinte. La résistance devient plus opiniâtre si au lieu de rencontrer une simple arrière-garde on a devant soi un avant-poste protégeant un campement pirate ou un point fortifié, car des renforts arrivant bientôt, votre marche en avant doit non seulement être arrêtée, mais encore on fera tout le possible pour obliger votre retraite.

Les convois sont précisément d'un grand inconvénient dans les grandes colonnes, aussi doit-on toujours les faire marcher avec une escorte spéciale indépendamment des troupes qui doivent opérer, celles-ci étant d'autant plus mobiles qu'elles ont moins d'impedimenta derrière elles.

Il faut donc arriver à réduire le plus possible le convoi d'une troupe Européenne en marche au Tonkin, en ne faisant emporter aux hommes que le strict nécessaire.

La tenue de route est en kaki, en hiver comme en été.

Chaque Européen devra emporter en été une tenue en kaki et une tenue de toile blanche de rechange, le couvre-pied, une bonne paire de brodequins de rechange également, et le linge de corps indispensable; l'hiver il y ajoutera le pantalon en molleton de flanelle pour la nuit, afin d'éviter de prendre froid au ventre, bien qu'il doive porter la ceinture de flanelle en toute saison, il pourra aussi prendre la vareuse en molleton, mais elle est moins utile que le pantalon.

En ne faisant donc prendre aux hommes que ce qui leur est absolument nécessaire, en vêtements, linge, chaussures, campement, pour partir en colonne pendant un certain temps, on pourra leur faire porter le plus de vivres possible, ce qui diminuera le nombre de coolies devant suivre la colonne et allégera sa marche.

Quelques jours après, le convoi rejoignant à un point déterminé d'avance, remplacera les vivres épuisés ou le ravitaillement se fera à un poste voisin, s'il y a lieu.

Le grand avantage de la troupe Indigène sur la troupe Européenne au Tonkin est précisément de pouvoir se mobiliser très rapidement.

Un capitaine de tirailleurs Tonkinois par exemple, recevant l'ordre de partir avec sa compagnie, n'a qu'à prévenir immédiatement ses hommes de prendre quatre jours de vivres, et une heure après tout le monde est sous les armes prêt à partir.

Pour la mise en route d'une troupe Européenne au contraire, il faut d'abord réquisitionner des coolies, toucher ensuite les vivres, etc. ce qui demande toujours un certain temps.

La troupe Européenne est en outre constamment gênée dans sa marche par son convoi, lorsque la troupe Indigène marche sans s'arrêter avec les quelques coolies qui portent les bagages des gradés Européens.

Nous avons vu dans ce chapitre, la tactique des bandes pirates dans les régions montagneuses, et combien cette tactique leur est facile, à cause du terrain qui s'y prête partout.

Nous avons pu voir aussi que les bandes ne tirent réellement parti des avantages que leur offrent les nombreux accidents de terrain, que pour sauver le plus souvent leur butin ou leurs approvisionnements, quelquefois aussi dans un but de vol, si elles trouvent une occasion favorable pour se procurer des armes et des munitions.

Mais elles ne le tentent que si elles ont la presque certitude de réussir, évitant avant tout de consumer inutilement des munitions qu'elles ne se procurent généralement que très difficilement, et parfois au poids de l'or.

Comment pourrons-nous enfin arriver à faire disparaître complètement les nombreuses bandes qui infestent encore les hautes régions?

C'est ce que je m'efforcerai tout particulièrement de démontrer dans les chapitres suivants, en recommandant bien d'économiser nos munitions nous aussi, et mieux encore, d'épargner le plus possible le sang de nos hommes.

CHAPITRE III.

CONSEILS SUR LA MANIÈRE DE MARCHER AU TONKIN.

Après avoir vu dans les deux chapitres précédents la nature du terrain sur lequel on doit opérer et la tactique de l'adversaire que l'on peut avoir à combattre dans les hautes régions, nous allons étudier, dans ce chapitre, la manière de marcher dans tous ces pays difficiles avec les différents éléments qui s'y trouvent.

Dans une colonne comme dans une simple reconnaissance, il y a toujours une fraction de troupe européenne et une fraction de troupe indigène.

Pendant la conquête du Tonkin et même encore bien après la conquête, jusqu'en 1888 environ, chaque troupe européenne et indigène marchait toujours par fraction constituée.

Lorsqu'une forte colonne était en marche, une compagnie de tirailleurs tonkinois fournissait les différents échelons d'avant-garde, la garde du convoi et l'arrière-garde, la troupe européenne formant le gros ou le corps principal selon le cas, pour servir de réserve au besoin.

Depuis cinq ou six années, je ne sais pour quelles raisons on a pris l'habitude de joindre des Européens à chaque groupe d'Indigènes, quelquefois même aux hommes de l'extrême pointe.

J'ai personnellement, chaque fois que je me trouvais seul, étant mon chef, libre par conséquent de prendre les dispositions qu'il me convenait le mieux, toujours mis les troupes indigènes à l'avant-garde et à l'arrière-garde, comme cela se faisait autrefois.

L'Indigène en effet, voit beaucoup mieux que l'Européen, soit de jour comme éclaireur, soit la nuit comme sentinelle, surtout dans un terrain couvert de brousses où la moindre brise qui agite le plus petit brin d'herbe, donne facilement lieu à de fréquentes illusions d'optique.

Aussi ai-je eu bien souvent plus confiance en la vue perçante d'un tirailleur tonkinois qu'en ma jumelle elle-même.

Beaucoup malheureusement arrivent au Tonkin avec ce parti-pris, que les tirailleurs tonkinois ne sont pas des soldats, leur accordant tout juste de bien se battre contre des pirates Annamites, et non contre des pirates chinois, qui leur inspirent une grande frayeur.

Ceux qui arrivent au Tonkin avec ces idées préconçues contre les tirailleurs tonkinois qu'ils ne connaissent pas ou qui ne les connaissent que par ce qu'ont pu leur dire des camarades qui n'avaient jamais eu eux-mêmes l'occasion d'apprécier tout ce que l'on peut tirer de ces troupes indigènes, ont tort de les juger ainsi dès le premier jour et de ne leur accorder qu'une confiance relative.

Je ne veux certainement pas comparer le tirailleur tonkinois au soldat européen pris comme homme, ni au point de vue de la valeur guerrière, mais je crois que l'on peut néanmoins lui accorder la même bravoure qu'au pirate Chinois qu'il est appelé à combattre.

De quoi dépend en effet la force d'une troupe?

D'abord de la confiance qu'elle peut avoir en elle-même, ensuite de la confiance qu'elle met en ses Chefs.

Or, par son armement même, par la quantité de munitions qu'elle a à sa disposition, et surtout par son instruction absolument militaire, la troupe Indigène au Tonkin n'a-t-elle pas lieu d'avoir pleine et entière confiance en elle-même, et de se croire sinon supérieure au pirate Chinois, du moins capable de lutter de pair avec lui?

Au point de vue de la confiance en ses Chefs, ne sait-elle pas qu'elle peut compter sur eux, voyant constamment les gradés Européens à ses côtés sous les balles ennemies? lorsque les Chefs pirates au contraire se tiennent généralement toujours en dehors de la zone dangereuse, donnant tous leurs ordres de loin, prêts à prendre la fuite les premiers, si la retraite devient inévitable.

Mais si la troupe doit avoir confiance en ses Chefs, la réciproque doit aussi être vraie, et pour cela il faut que le Chef s'occupe de sa troupe, qu'il s'en fasse connaître et qu'il apprenne à bien la connaître lui-même.

C'est malheureusement ce que beaucoup n'ont pas voulu comprendre, et on pourrait trouver là en allant bien au fond des choses, la vraie raison pour laquelle certains ont pu paraître avoir été abandonnés par leurs tirailleurs devant l'ennemi.

Ce qui est vrai pour une troupe européenne l'est encore bien plus pour une troupe indigène que l'on peut être appelé à entraîner à un moment donné, ce qui pourra ne pas être nécessaire pour une autre troupe.

Je me suis laissé dire que dans l'infanterie de Marine on ne désignait pas les officiers au hasard pour commander les troupes indigènes au Tonkin, mais que l'on faisait un choix.

C'est une très bonne mesure à prendre, et l'on aurait toujours dû avant de désigner les officiers pour ces troupes spéciales, leur demander autant que possible si cela leur convenait, on aurait pu s'éviter ainsi bien souvent des déceptions.

Puisque nous avons la troupe indigène au Tonkin, c'est donc à nous d'en tirer le plus grand parti possible, en utilisant toutes ses qualités, mais pour cela, il faut faire aux tirailleurs tonkinois, certains avantages par lesquels on les retiendra au Régiment, pour n'avoir plus pour ainsi dire que des soldats rengagés, c'est-à dire des hommes de métier.

Le mode de recrutement actuel appelant un certain nombre d'hommes sous les armes que l'on renvoie ensuite dans leurs villages, six ans plus tard à leur libération, est des plus défectueux.

Dans l'ordre de marche il faut toujours éviter autant que possible de laisser des Européens aux fractions de tête, sauf les gradés Européens des troupes indigènes, bien entendu, qui doivent toujours marcher avec leur troupe.

S'il y a en effet une attaque, les Européens seront certainement les premiers atteints par les balles des pirates qui n'ignorent pas que ce sont leurs plus redoutables adversaires et savent que la marche d'une troupe se trouve complètement arrêtée lorsqu'il y a un certain nombre d'hommes tués ou blessés, surtout parmi les Européens.

Comme le prescrit sagement le règlement : diminuer les distances entre les différents échelons dans l'ordre de marche suivant la nature du terrain, car autrement on s'exposerait à avoir des hommes enlevés.

Ne pas laisser d'hommes marchant isolément en arrière dans un pays aussi accidenté, et complètement couvert de broussailles où l'on ne peut envoyer des patrouilles sur les flancs comme on le ferait en France.

Il faut toujours marcher avec la plus grande prudence, même si l'on n'a pu obtenir aucun indice sur la présence de bandes pirates, dans des régions où l'on peut s'attendre à chaque instant à recevoir des coups de fusil à bout portant d'un ennemi caché dans la brousse, et que l'on ne voit pas le plus souvent.

C'est pourquoi je recommanderai toujours de mettre en avant les troupes indigènes qui ayant l'habitude du pays reconnaissent bien plus facilement que les Européens les traces du passage d'une bande ou de sa présence dans les environs.

La meilleure manière de marcher au Tonkin est d'avoir des émissaires qui vous renseignent sur les mouvements des bandes pirates et connaissant parfaitement le pays vous conduisent directement à leurs campements.

De cette manière on peut prendre toutes ses dispositions d'avance, et conduire une opération avec succès, tandis qu'autrement, n'ayant aucune donnée on marche généralement à l'aveuglette, en remettant le tout au hasard.

Les Indigènes qui veulent donner des renseignements et servir de guides sont malheureusement très rares, car en faisant ce service, ils exposent leur propre existence et celle des leurs, et naturellement toute peine mérite salaire.

Or, les sommes que reçoivent les Chefs de poste pour les rétribuer sont tellement dérisoires, qu'ils n'apportent généralement que des renseignements de peu d'importance, n'allant pas s'exposer pour si peu à de funestes représailles de la part des bandes pirates. Aussi, certains Chefs de poste font-ils le plus souvent la guerre à leurs frais.

Lorsque l'on gaspille l'argent aussi inutilement pour certaines choses, on devrait se montrer plus généreux pour le service de renseignements, service des plus importants, qui, s'il fonctionnait régulièrement, donnerait les meilleurs résultats au point de vue de la complète extinction de la piraterie au Tonkin.

Avant de partir en colonne ou en simple reconnaissance de quelques jours, prendre les médicaments et objets de pansement les plus indispensables et plusieurs brancards avec les coolies porteurs en nombre suffisant, cela est toujours nécessaire pour faire porter des hommes tombant malades en route, si l'on ne rencontre pas l'ennemi.

Marcher, je le répète, avec la plus grande prudence dans les régions montagneuses, en ayant soin que les différents échelons soient toujours autant que possible en relation les uns avec les autres, car il serait très dangereux de laisser des hommes isolés comme intermédiaires.

Dans un pays que l'on ne connaît pas ou que l'on connaît généralement peu, et où il est impossible de faire aucun déploiement en cas d'attaque qui n'a jamais lieu que par surprise, le Chef d'une troupe doit surtout compter sur son coup d'œil et sur son sang-froid; il faut qu'il se connaisse bien lui-même et ne se laisse pas aller à la fougue du premier moment.

Il est certainement difficile quelquefois pour celui qui reçoit le baptême du feu, de rester complètement maître de soi en entendant siffler les balles à ses oreilles ou en voyant des bouts de canons de fusils braqués à quelques mètres seulement.

Certains qui ont même eu l'occasion en différentes circonstances de se trouver dans des situations très difficiles, ont toujours éprouvé chaque fois dès les premiers coups de feu une certaine sensation qu'il leur a fallu tout d'abord réprimer, mais cela n'a duré qu'une seconde, et ils sont parvenus à prendre vivement le dessus.

Combien d'affaires malheureuses en effet au Tonkin, précisément à cause du manque de sang-froid et surtout pour trop de témérité !

Le Chef doit surtout bien se convaincre qu'il est non seulement responsable moralement de l'issue d'une affaire qu'il a engagée, mais qu'il a encore à répondre de l'existence de ses hommes ; s'il s'expose donc personnellement à la mort sans nécessité, elle détermine non seulement l'insuccès, mais entraîne bien souvent la perte d'une partie de la troupe sous ses ordres.

Il arrive quelquefois par exemple que l'on rencontre un petit groupe pirate qui inférieur en nombre ou ne se trouvant pas dans des conditions assez avantageuses pour opposer de la résistance prend immédiatement la fuite en tirant simplement quelques coups de feu.

C'est généralement un piège qui vous est tendu, il faut bien se garder dans un pareil cas, de se lancer tête baissée à sa poursuite, avec quelques hommes seulement, comme cela s'est produit trop souvent malheureusement.

Entraîné par un premier succès de peu d'importance, on ne voit pas un plus grand nombre de pirates embusqués, soit dans la brousse, soit derrière des rochers, et qui se mettent bientôt à tirer de tous les côtés.

Voyant alors tomber tous ses hommes autour de soi, on s'aperçoit que l'on a donné dans une embuscade, la marche en avant est impossible, il est trop tard pour battre en retraite, il ne s'agit donc plus que de vendre chèrement sa vie, la mort que l'on appelle n'arrive pas aussi vite que l'on voudrait, on tombe enfin tué par une balle.

Bienheureux encore si l'on est tombé entre les mains des Chinois complètement mort, car ils vous réserveront les derniers supplices !

D'aucuns en effet, se laissant ainsi entraîner par un petit succès, ont cru que les pirates Chinois fuiraient constamment devant eux, mais peu de temps après ils tombaient dans une embuscade, où, s'ils n'y perdaient pas la vie eux-mêmes, ils avaient un très grand nombre de tués ou de blessés parmi leurs hommes.

C'est une grave erreur, pour ceux qui arrivent au Tonkin, de croire qu'on y fait la guerre comme on pourrait la faire en Europe.

Beaucoup prétendaient par exemple, que lorsqu'on était attaqué en marche, l'on pouvait en cas de succès poursuivre l'ennemi malgré le nombre de tués ou de blessés que l'on pouvait avoir.

Ils croyaient évidemment trouver dans ces pays un service de brancardiers et d'ambulances fonctionnant comme dans une guerre européenne, où l'on n'aura pas dans la guerre future à s'occuper des tués ni des blessés, que les services qui se trouveront en arrière enlèveront, et qui seront soignés même par l'ennemi s'ils tombent entre ses mains.

Mais au Tonkin, dans une simple reconnaissance et quelquefois même dans une colonne où il n'y a pas de médecin, un seul homme de l'avant-garde tué ou blessé gêne la marche, que l'on doive continuer à marcher en avant ou battre en retraite.

Si l'homme est simplement blessé, il faut d'abord lui faire un premier pansement; s'il est tué, le faire porter sur un brancard, ne pouvant le laisser sur le terrain où les Chinois viendraient le prendre et le mutiler, il faut également faire emporter ses armes et ses munitions, afin qu'elles ne tombent pas entre les mains des pirates.

S'il n'y a que des Indigènes tués ou blessés, on peut encore quelquefois à la rigueur continuer la marche en avant, avec un nombre de brancards suffisant, le tirailleur Tonkinois n'étant pas lourd.

Mais lorsque parmi les tués ou les blessés, il y aura des Européens, il n'en sera pas de même, le nombre de brancards que vous avez à votre disposition devenant insuffisant, il faudra en fabriquer d'autres avec les ressources que vous aurez sous la main.

En outre, les coolies ne pourront pas porter constamment des Européens plus lourds que les Indigènes, on devra alors leur adjoindre des hommes pour le transport des tués et blessés, et pour un seul Européen hors de combat, il faut en compter quatre ou cinq occupés à transporter les brancards, armes et munitions, qui par conséquent ne peuvent plus combattre.

La poursuite dans de telles conditions, n'est donc plus possible en cas de succès; en cas d'insuccès la retraite devient très pénible, surtout lorsqu'il faut enlever ses tués et blessés sous le feu de l'ennemi, car l'effectif se trouvant très réduit, il reste peu de monde pour faire le coup de feu et protéger la marche du convoi.

Dans de pareilles circonstances, on doit faire en effet tout ce qui est possible, pour emporter d'abord les tués et les blessés, les armes et les munitions ensuite.

Les pirates eux-mêmes n'agissent d'ailleurs pas autrement, en commençant néanmoins par emporter les fusils.

Personne n'ignore que dans les bandes Chinoises il y a deux ou trois hommes pour un seul fusil, un pirate armé se trouvant donc tué ou blessé, son camarade prend aussitôt son arme et ses munitions, et continue à tirer à sa place.

Voilà pourquoi l'on ne trouve que très rarement des tués et des blessés, ainsi que des armes et des munitions sur le terrain; si les pirates laissent par hasard des cadavres et des fusils derrière eux, c'est qu'ils ont été surpris ou serrés tellement près qu'il leur a été tout à fait impossible de les emporter.

En voyant les embarras que peut susciter un seul Européen tué ou blessé, on comprendra facilement pourquoi il est préférable de ne pas mettre d'Européens aux échelons de tête, ni à l'arrière-garde, car les pirates visent de préférence les Européens et surtout les officiers, sachant bien que lorsque la tête n'y sera plus, le désordre se mettra plus facilement dans la troupe.

Dans les campements au contraire, il est prudent de former des petits postes mixtes pour le service de sûreté, et d'adjoindre une sentinelle européenne à la sentinelle indigène, celle-ci entendant et voyant beaucoup mieux la nuit.

Pour le choix d'un emplacement pour les haltes et les campements, il faut toujours se laisser guider par les moyens d'avoir de l'eau, ainsi, quoique nos règlements nous prescrivent de nous établir sur une hauteur, pour mieux voir et se mettre à l'abri d'une surprise, on en arrive cependant à faire comme les pirates eux-mêmes, c'est à dire à camper dans un bas-fond, au bord d'un arroyo pour avoir l'eau très près, et dans un endroit très fourré où il y a possibilité de faire du feu, ce que l'on ne pourrait faire sur une hauteur, sans être aperçu de très loin.

On occupe ainsi quelquefois d'anciens campements pirates eux-mêmes, et en plaçant des petits postes aux points qui semblent devoir être le plus utilement gardés, on n'a rien à craindre, car les attaques sous bois ont lieu très rarement.

CHAPITRE IV.

COMMENT ON DOIT SURTOUT S'ATTACHER A COMBATTRE LES BANDES PIRATES.

D'après ce que nous avons vu dans les chapitres précédents, nous allons tâcher de faire choix d'une méthode, pour combattre les bandes pirates qui se tiennent dans leurs repaires comme de vraies bêtes fauves.

Beaucoup d'officiers arrivent au Tonkin ne voyant que leurs règlements, ces règlements sagement rédigés d'ailleurs par les hommes les plus compétents, ont été faits surtout en vue d'une guerre en Europe, et laissent une certaine latitude à celui qui aura à les appliquer selon le terrain où il se trouvera, c'est donc le grand défaut de quelques-uns, de vouloir les prendre trop à la lettre en débarquant dans un pays nouveau.

Je conseillerai à tout officier nouvellement arrivé au Tonkin, d'aller visiter un simple village Annamite dans le Delta, ne fut-il même pas fortifié.

Quiconque arrive dans ce dédale de ruelles, où il est quelquefois impossible de reconnaître son chemin même en plein jour, voyant le mur en pisé qui forme la première enceinte, la haie de bambous qui sert de double enceinte, les portes successives auxquelles on ne peut arriver que par de simples dos de rizières, c'est-à-dire en marchant homme par homme, les mares qui se trouvent à l'intérieur en très grand nombre, un arroyo formant le plus souvent un fossé extérieur tout autour du village, doit en effet tout d'abord se demander par quels moyens on pourrait arriver à pénétrer dans un village de ce genre qui voudrait résolument se défendre.

Ceux qui ont vu en janvier 1887 les travaux faits par les rebelles à Ba-Dinh où ils ont soutenu un long siège de trois semaines, ont bien reconnu par la suite l'impossibilité matérielle d'emporter de tels ouvrages d'assaut.

Le Lieutenant-Colonel Dodds qui commandait le secteur nord, après avoir tenté en vain l'assaut du 6 janvier, ayant eu en quelque sorte la main forcée par son État-Major, a dû renoncer par la suite à donner un nouvel assaut, et demander immédiatement des renforts, pour resserrer de plus en plus la ligne d'investissement et réduire la place à la longue.

Cette journée nous a malheureusement coûté trop

cher, et nous y avons eu beaucoup de tués et de blessés parmi lesquels le Capitaine Bouchage de la 4ᵉ compagnie du 4ᵉ régiment de tirailleurs Tonkinois.

Il avait reçu à la cuisse une balle de fusil de rempart qui a mis pendant quelque temps ses jours en danger, mais fort heureusement grâce à la fermeté du patient, l'amputation n'a pas eu lieu, et la guérison plus ou moins complète est arrivée après plusieurs années, mais au prix de quelles souffrances!

Cet officier d'un brillant avenir a obtenu la récompense justement méritée que l'on donne aux plus braves, mais sa carrière militaire a été quelque peu brisée par le fait de sa mauvaise blessure.

Il n'est pas néanmoins complètement perdu pour la France, à laquelle il est encore appelé à rendre dans l'avenir d'éminents services comme professeur-adjoint à l'École Spéciale Militaire de Saint-Cyr, où mieux que tout autre il pourra enseigner ces deux grandes qualités militaires; la bravoure et le sang-froid, et ses leçons porteront leurs fruits il n'en faut pas douter dans cette pépinière de nos futurs Généraux.

La dynamite elle-même ne produit aucun effet dans une haie de bambous, comme j'ai pu m'en rendre compte à la suite de plusieurs expériences qui ont été faites en ma présence après la prise de Ba-Dinh même.

Plusieurs saucissons de dynamite ayant été placés à la main dans un bouquet de bambous, après l'explosion on ne trouva aucune trouée, quelques racines avaient volé en éclats et c'était tout.

On peut en conclure l'effet qui serait produit par des saucissons de dynamite jetés d'une certaine distance sur une haie de bambous derrière laquelle s'abriteraient des pirates tirant des coups de fusil.

Le coupe-coupe et la hache sont donc les seuls outils avec lesquels on puisse faire une ouverture dans une haie de bambous, mais cette opération est très difficile et quelquefois même absolument impossible sous le feu de l'ennemi.

Le mur en pisé formant la deuxième enceinte des villages, résiste aussi le plus souvent au canon, c'est donc vouloir courir à une mort certaine que de tenter un assaut.

Après le siège de Ba-Dinh, j'ai pu visiter les grands travaux de défense qui avaient été faits à l'intérieur, les assiégés y étaient littéralement terrés comme de vraies taupes.

Que l'on se figure en effet les trous des marqueurs dans nos champs de tir avec la tranchée presque complètement recouverte de terre, en avant un mur en terre très épais avec plusieurs étages de créneaux pour pouvoir tirer à différentes distances, les points ayant été repairés d'avance, de sorte que le tireur n'a même pas besoin de viser, il lui suffit de placer le bout de son canon de fusil dans un des créneaux et de faire partir le coup; que l'on ajoute à cela, les trous de loups, les chevaux de frise, les abatis, les petits piquets, toutes les défenses accessoires en un mot, dans la confection desquelles les Annamites et les Chinois surtout excellent, et l'on se rendra facilement compte des grandes difficultés que rencontrera toute troupe voulant donner l'assaut.

J'ai surtout été frappé de la grande terreur qu'avaient dû éprouver les assiégés à la suite des nombreuses salves d'artillerie qui avaient été tirées sur la place, car ils n'osaient même plus sortir de leurs trous, et beaucoup avaient d'un côté le feu qui leur avait servi à faire cuire leur riz, de l'autre leurs excréments, par crainte d'aller plus loin.

Il en a été de même des travaux qui ont été faits à Hu-Thué en 1891 et à Ba-Phuc en 1892 dans le Haut-Yen-Thé, on n'a pu arriver à occuper ces ouvrages qu'en les réduisant.

Pour cela, il faut donc de la patience et beaucoup de prudence, car une troupe bien déterminée qui occuperait une position aussi bien fortifiée, n'y laisserait pas entrer un seul assaillant vivant.

Lorsque l'on est attaqué en marche, il n'est pas utile non plus de se ruer à la baïonnette sur la position, comme si l'on avait à combattre une troupe Européenne qui, on le sait, ne lâchera pied qu'à la dernière extrémité.

S'il s'agit en effet simplement d'enlever un mamelon occupé par une bande pirate, l'ennemi s'évanouira pour ainsi dire tout d'un coup, et en arrivant au sommet on ne trouvera plus personne, mais les pertes qui auront été éprouvées avant d'y arriver, ne seront certainement pas compensées par les résultats obtenus.

S'il s'agit au contraire d'emporter un retranchement pirate, on peut être convaincu d'avance que vouloir tenter de l'attaquer de front est peine complètement inutile.

L'attaque aura beau avoir été préparée par des feux de salve, comme le prescrit le règlement, et même par une vive canonnade si l'on a de l'artillerie à sa disposition, personne ne répondra de l'intérieur.

Concluant alors que le campement est évacué, l'ordre de l'assaut est donné, mais lorsque les assaillants arrivent au point voulu, ils reçoivent une décharge de mousqueterie qui fait de très grands vides dans leurs rangs.

On a malheureusement fait un trop grand abus de la baïonnette au Tonkin, où la lutte corps à corps n'a pour ainsi dire jamais lieu, la baïonnette me paraît donc une arme inutile et même nuisible dans ce pays, car elle est souvent gênante pour la marche dans certains terrains.

Je crois que si on avait supprimé cette arme au

Tonkin, on aurait évité de nombreuses déceptions, en la conservant on a surtout voulu maintenir le moral du soldat, car n'étant d'aucune utilité pour l'attaque, elle ne peut rendre aucun service dans les hautes régions.

Quant à l'armement, l'ancien fusil modèle 1874 me paraît aussi de beaucoup préférable pour la guerre actuelle au Tonkin, au fusil modèle 1886 que l'on a donné à toutes les troupes européennes depuis plusieurs années.

Depuis la conquête, l'ancien fusil solide et à toute épreuve, servait toujours, bien que ne pouvant être réparé sur place, ni envoyé à l'atelier de l'armurier qui le plus souvent était très éloigné si toutefois il y en avait un au Corps.

Un fusil qui n'avait pas de guidon ni même de hausse, était encore une bonne arme entre les mains d'un homme dans un pays où l'on ne se bat généralement qu'à quelques mètres de distance.

Bien souvent un Chef de poste n'envoyait même pas en réparation un fusil sans hausse ou sans guidon, dont le mécanisme fonctionnait bien, mais le conservait au contraire, préférant avoir un fusil sans hausse ou sans guidon, qu'un homme sans fusil.

Il faut actuellement à tout instant retirer le fusil d'un homme, parce que le mécanisme très délicat ne fonctionne plus, ou une pièce étant cassée, il faut l'envoyer en réparation ou le faire remplacer.

Le fusil modèle 1886 est certainement une arme excellente pour une campagne en Europe, qui ne durera que quelques mois, car les guerres futures devront certainement diminuer de durée en raison même des armements formidables dont chaque nation est pourvue à l'envi, mais il ne vaut pas assurément le fusil modèle 1874, qui est au Tonkin depuis les débuts de la conquête et qui continue toujours son service même sans réparations.

Pourquoi a-t-on donc donné cette arme à toutes nos troupes au Tonkin?

Sans doute pour qu'elles ne paraissent pas être en infériorité vis à vis des bandes Chinoises qui sont pourvues pour la plupart de fusils à répétition, et pour relever encore le moral du soldat, comme pour la baïonnette.

Dans ce pays où on ne se bat jamais qu'à très courte distance, le fusil Gras était donc préférable au fusil Lebel, à cause de sa grande solidité, de plus sa vitesse de chargement était bien suffisante, car les hommes lorsqu'ils ne sont pas immédiatement sous les yeux de leurs gradés, sont enclins généralement à tirer trop vite.

L'opinion publique s'est émue bien mal à propos, au sujet d'un vol de quelques fusils Lebel qui avait été fait à Hanoï il y a plusieurs années, car les pirates ont bien dû reconnaître à son usage même que ce n'est pas du tout l'arme qui convient à leur vie vagabonde, et surtout à cause de la très grande difficulté de se procurer les munitions nécessaires.

Il eut donc mieux valu conserver l'ancien armement à toutes les troupes du Tonkin, et cela en raison même du genre de guerre spéciale au pays, de son climat et de son terrain, en ayant soin de renouveler fréquemment l'approvisionnement de munitions qui se gâtent rapidement dans cette humidité constante.

Car si les bandes pirates ont sur nous le grand avantage de posséder à fond la connaissance du terrain, nous avons du moins sur elles celui encore plus grand, d'avoir plus de munitions à notre disposition.

Soit que nous soyons attaqués dans notre marche, soit que nous attaquions un point fortifié, maintenant que nous connaissons la tactique des bandes pirates, nous devons donc toujours agir avec prudence et sans précipitation, en partant de ce principe encore plus vrai dans la guerre actuelle au Tonkin, que pour une guerre européenne; qu'à celui qui sait le plus ménager ses munitions est assuré le succès.

Il y a en effet certaines connaissances de tir que tout chef doit posséder pour commander utilement la troupe sous ses ordres, parmi celles-ci, la principale est la discipline du feu, un feu conduit avec méthode et discipline démoralise promptement la troupe qui y est exposée, tandis qu'il augmente la confiance de celle qui l'exécute.

C'est ce dont devront toujours se convaincre les officiers qui se trouveront aux prises avec les bandes pirates.

On tire généralement trop au Tonkin, le plus souvent sur un ennemi imaginaire, dont on ne connaît ni la position ni la force.

Il faut surtout déjouer les ruses des bandes pirates en rompant à la rigueur le combat et se porter vivement en arrière en dehors de la zone dangereuse de leurs feux.

Chercher ensuite s'il s'agit d'un point fortifié, le côté faible, c'est-à-dire la clé de la position comme le prescrit le règlement, ce côté faible sera toujours la ligne de retraite.

Les retranchements pirates ne sont en effet le plus souvent réellement fortifiés que du côté ou ils sont accessibles, mais il n'y a que très peu de travaux de défense du côté opposé, c'est par là qu'est ménagée la ligne de retraite.

Persuadés qu'en raison même des grandes difficultés du terrain, nous ne pourrons jamais les attaquer de ce côté, les pirates ne se donnent même pas la peine de le fortifier.

Lorsqu'on a découvert un retranchement pirate, le premier soin doit donc toujours être, de tâcher d'arriver par tous les moyens possibles à connaître ce point, ce n'est qu'ainsi qu'on peut espérer l'enlever même quelquefois sans coup férir, en voulant au contraire l'attaquer de front, on fera tuer beaucoup de monde, sans cependant arriver à aucun résultat.

Il n'y a pas d'exemple où une bande pirate Annamite et même Chinoise, que ce soit en rase campagne ou dans les retranchements les plus formidables, ait tenu tête lorsqu'elle a senti sa ligne de retraite quelque peu menacée.

Il ne faut donc pas se jeter tête baissée contre des retranchements pirates, mais opérer avec patience et avec beaucoup de prudence; tâcher d'obtenir des renseignements sérieux sur la position à attaquer, et bien faire la reconnaissance du terrain d'avance, pour n'agir qu'au moment opportun et et qu'à coup sûr, pour ainsi dire.

La première précaution des pirates en construisant un ouvrage est toujours en effet d'assurer d'abord la ligne de retraite, et chaque fois que cette ligne de retraite se trouve inquiétée, ils abandonnent aussitôt les plus belles positions, toute résistance étant alors devenue impossible pour eux.

Pendant la conquête du Tonkin n'est-ce pas d'ailleurs ainsi que les grandes citadelles du Delta telles que Bac-Ninh et Hung-Hoa, pour ne parler que de celles-là sont tombées entre nos mains? Victoires faciles et nous ayant coûté relativement peu de monde, lorsque nous avons au contraire éprouvé des pertes très sérieuses à la prise de Son-Tay.

. Plus récemment encore, c'est grâce aux dispositions qui ont été prises à Ba-Dinh, à Hu-Thué, et à Ba-Phuc, que ces fameux repaires de pirates ont pu être réduits et sont enfin tombés en notre pouvoir.

La seule manière efficace de combattre les bandes pirates est donc de préparer les opérations de longue main, en obtenant le plus de renseignements possible, sur les positions de l'ennemi, sa force, ses moyens de défense et le nombre de fusils qu'il possède.

D'acquérir en outre la connaissance du terrain par de nombreuses reconnaissances aux environs du point à attaquer, ou au moyen d'une carte de renseignements, mais ce qui est mieux encore, si cela est possible, de se faire conduire par de bons guides, dévoués et en qui on peut avoir confiance.

Ce n'est qu'ainsi qu'on peut réellement arriver à un résultat, sans engager sa troupe dans une situation quelquefois très précaire.

On ne fait pas actuellement au Tonkin la grande guerre que l'on ferait en Europe, en rase campagne, le terrain ne le permettant d'ailleurs que très rarement, mais au contraire la guerre continuelle d'embuscades, chaque bouquet de bois, chaque rocher, chaque touffe de brousse pouvant cacher un ennemi.

Après avoir tiré quelques coups de fusil, cet ennemi se retire, s'il a réussi à vous tuer ou blesser quelques hommes, et va se porter en arrière un peu plus loin dans un nouvel endroit favorable à l'embuscade pour vous y attaquer encore, s'il n'a pas la première fois arrêté complètement votre marche en avant.

On ne sait généralement pas à qui on a affaire, et bien souvent dans certains passages très difficiles, il suffit de quelques hommes armés, pour arrêter une colonne très forte, le terrain ne permettant pas de se déployer, on croit quelquefois avoir devant soi une bande, lorsque l'on n'a en réalité qu'un petit groupe protégeant la retraite de cette bande, ou un petit poste d'observation placé en avant d'un ouvrage fortifié.

Dans de pareilles circonstances, redoubler de prudence dans sa marche en avant, et ne pas s'engager dans un terrain couvert, sans l'avoir fouillé à l'aide de quelques feux de salve.

A cette guerre d'embuscades, quelle manière de combattre devons-nous donc opposer?

Il ne peut y avoir aucun doute pour personne, la contre-guérillas, la seule efficace et qui puisse donner les meilleurs résultats.

Quels sont en effet les résultats qui ont été obtenus par les grandes colonnes jusqu'à ce jour?

Presque nuls au point de vue de la diminution

de la piraterie dans les hautes régions du Tonkin.

Chaque fois que des grands mouvements de troupe ont eu lieu, les bandes pirates devant ce grand déploiement de forces ont toujours battu en retraite, pour revenir ensuite occuper leurs anciens emplacements après le départ de nos troupes.

C'est ce qui s'est constamment produit depuis de longues années au Tonkin, parce que les opérations militaires n'ont été que momentanées et n'ont eu lieu qu'à certaines époques déterminées, c'est-à-dire pendant la saison d'hiver.

Aussi, pendant le cours de ces grandes opérations, ne trouve-t-on bien souvent que par hasard quelques petits groupes pirates chargés de surveiller les mouvements de nos troupes et de protéger au besoin l'accès des grottes ou campements qui contiennent les approvisionnements.

Il faut donc établir la contre-guérillas avec une troupe bien entraînée, très mobile, qui pourra poursuivre sans relâche chaque bande ou groupe de bande pour ainsi dire à la piste, couchant autant que possible dans les campements des pirates eux-mêmes, sans pour cela les détruire, mais en y laissant des traces de son passage, car une bande pirate n'a jamais occupé de nouveau un de ses campements qu'elle sait être connu par nous.

Elle pourra quelquefois établir un autre campement non loin de là dans une vallée ou dans une gorge voisine, mais elle ne reviendra pas au même point.

Il est toujours bon de laisser intacts les campements pirates que l'on découvre, ceux-ci pouvant vous servir d'abris à l'occasion, dans les hautes régions, pays à peu près désert.

De nombreuses colonnes de ce genre opéreront simultanément sur divers points parcourant une certaine étendue de terrain, dans tous les sens et pendant un temps indéterminé.

Ces colonnes volantes devront être indépendantes les unes des autres, tout en manœuvrant néanmoins de manière à se renvoyer mutuellement les bandes harcelées de tous côtés, elles s'attacheront surtout à arrêter les convois de ravitaillement, et à couper les voies de communication entre ces bandes et les régions habitées et riches.

Après un certain temps, tous leurs repaires étant en partie connus, leurs convois ne pouvant plus arriver, elles ne sauraient comment vivre ni où se réfugier dans un pays désert que nos troupes finiraient par connaître aussi bien qu'elles-mêmes; les bandes pirates seraient donc obligées d'abandonner la région à la longue, pour se rapprocher de plus en plus de la frontière, ou de guerre lasse, de mettre bas les armes, et de se rendre enfin à merci.

On a pu remarquer dans ces dernières années au Tonkin, que si les fortes colonnes ne rencontraient que très rarement les bandes pirates, les petites reconnaissances au contraire qui n'étaient commandées que par un petit nombre d'officiers et bien souvent par un seul, les trouvaient fréquemment, ou pour être plus exact, l'ennemi vient plus souvent trouver les petites reconnaissances que les grandes colonnes.

Nous ne rencontrons en effet l'ennemi que quand il le veut bien, nous voyant arriver généralement de très loin, par ses petits postes d'observation placés sur les points les plus élevés.

Lorsque nous nous engagons dans une vallée par exemple, marchant par groupes compacts avec notre convoi, si c'est une colonne, il peut pour ainsi dire nous compter et faisant bien la différence entre une colonne et une simple reconnaissance, nous laisser passer ou arrêter notre marche selon son bon plaisir.

Les bandes pirates au contraire marchent généralement par très petits groupes, se répandant ainsi dans toutes les directions, quelquefois même chacun s'en va isolément de son côté, tous connaissant le pays à fond et le point où l'on doit se rassembler à une date fixée par le chef de la bande.

Les bandes correspondent en outre par certains signaux convenus entre elles, comme par exemple à l'aide de grands feux allumés sur les plus grandes hauteurs.

Pendant le siège de Ba-Dinh, les assiégés correspondaient de l'intérieur avec les bandes qui cherchaient à faire diversion à l'extérieur sur les derrières de la ligne d'investissement, au moyen de la télégraphie optique à peu près comme nous l'employons nous-mêmes.

Elles lançaient également comme signaux des fusées de toutes couleurs, auxquels les bandes extérieures avec lesquelles elles étaient en communication, répondaient au moyen de feux allumés sur les sommets des montagnes voisines.

Tout me paraît à peu près avoir été dit sur la manière à employer pour combattre les bandes pirates, qui se tiennent constamment cachées ; à leur manière occulte de se battre, il faut donc opposer une manière de se battre complètement identique.

Il est en effet absolument inutile de se mettre par pure forfanterie, devant un ennemi qui se cache comme pour lui servir de cible vivante.

C'est par la prudence, la patience et la persévérance, que nous devons surtout arriver à un résultat bien autrement efficace, sans mettre en jeu autant d'existences que nous devons réserver pour d'autres circonstances beaucoup plus dignes d'elles.

Certes le rôle du soldat est d'aller, partout où on lui ordonne, de se battre de son mieux, et de se faire tuer s'il le faut, mais s'il veut bien risquer sa vie, il veut que ce soit à armes égales si possible, et surtout en échange de la vie d'autrui.

On a porté sur les pavois à son retour du Dahomey, le général Dodds qui a été assez heureux pour réussir là-bas, mais ne doit-il pas justement le succès, à son énergie, son calme, sa présence d'esprit, sa ténacité, ces qualités maîtresses du Chef Militaire dont il ne s'est pas départi un seul instant ?

Le Chef qui engage une action, n'est-il pas en effet responsable du succès en même temps que de l'existence de ses hommes ; si par sa témérité il entraîne la déroute ou la perte de toute sa troupe, ne se rend-il pas par cela même coupable ?

D'autant plus que se trouvant quelquefois tué ou blessé lui-même, il n'a pu donner bien souvent les instructions nécessaires à celui qui doit lui succéder dans le commandement de la troupe, comme nous en avons eu de fréquents exemples au Tonkin.

Poursuivre méthodiquement un plan bien arrêté d'avance, car le courage ne suffit pas pour décider du sort des batailles, éviter une conception imprévoyante et une exécution trop légère, la prudence et l'esprit de méthode ne laissant rien au hasard ; aucun succès nouveau ne doit donc être tenté avant que celui de la veille n'ait été affermi et que n'aient été prises toutes les mesures pour préserver la vie des hommes.

Voilà les qualités de sang-froid et de calme indispensables aujourd'hui plus que jamais pour un Chef, que devront s'attacher tout particulièrement à acquérir nos jeunes officiers qui auront pour mission à l'avenir de tenir haut et ferme le drapeau national dans notre nouvelle Colonie d'Extrême-Orient.

Ce sont ces qualités qu'ils devront avoir dans leur marche, à travers les dangers de toute espèce, qui s'élèveront et se renouvelleront sans cesse devant eux, se rappelant toujours que par la prudence on peut désirer éviter aux hommes des trépas prématurés.

Le système d'aller vite comme quelques-uns le voudraient ne vaut rien, car il coûte très cher en hommes, et ne donne aucun résultat; celui d'aller prudemment peut certainement paraître trop long à certains tempéraments fougueux, mais c'est le seul qui pourra nous conduire au but.

En rejetant peu à peu les bandes pirates loin du Delta, sur la frontière, celles-ci ne pouvant plus communiquer avec cette partie riche du Tonkin, se disperseront enfin, et la piraterie disparaîtra complètement à la longue dans les hautes régions.

Certes, personne ne peut prévoir combien de temps il faudra encore pour arriver à un tel résultat, qui ne saurait être obtenu d'un jour à l'autre, mais tout arrive à point à qui sait attendre.

CONSEILS GÉNÉRAUX.

Avant de tirer une conclusion de tout ce qui précède, je vais donner quelques renseignements généraux dont je n'ai pas encore eu l'occasion de parler dans le corps de ce volume, en commençant par les animaux dangereux, d'ailleurs peu nombreux au Tonkin.

Beaucoup prétendent que le buffle charge les Européens, si le fait s'est produit quelquefois, il ne s'est produit que très rarement.

Le buffle, animal domestique servant à la culture, comme chez nous le cheval et même le bœuf dans certaines contrées, n'est pas foncièrement méchant, il est au contraire très doux, car ce sont généralement des enfants qui le mènent paître, auxquels il obéit au geste et à la voix.

Dans les débuts de la conquête on a pu croire en effet que le buffle était méchant, cet animal très répandu dans le Delta n'étant pas alors encore habitué à voir des Européens, dont la taille, la tenue, je dirai même l'odeur, n'ont rien de commun avec celle de l'Annamite.

Lorsqu'un Européen passe à quelque distance d'un buffle même encore aujourd'hui, on le voit immédiatement dresser la tête, ouvrir de grands yeux et renifler fortement, mais en le regardant bien attentivement on pourra facilement s'assurer qu'il est tout tremblant, ce qui tendrait à prouver qu'il est surtout pris par la frayeur.

Il part alors à toute vitesse, généralement en faisant demi-tour sur lui-même, quelquefois, mais très rarement, droit devant lui.

Si dans ce dernier cas, il fait partie d'un troupeau, les autres le suivent comme les moutons de Panurge, et tout le troupeau passant au milieu d'une troupe qui se trouve sur son chemin, on a pu croire que le buffle chargeait.

Si un buffle a pu, pris par la frayeur mettre le désordre dans une troupe qui se trouvait devant lui, il ne charge jamais du moins comme chez nous le taureau en fureur, poursuivant un homme et s'acharnant après lui comme pourrait le faire cet animal.

Il s'agit ici, bien entendu, du buffle domestique, et non pas du buffle pris à l'état sauvage.

Le nombre de buffles d'un village indique la richesse de ce village, les gens riches seuls peuvent en avoir, un buffle coûtant de 20 à 25 piastres et quelquefois même davantage, les autres se servent des petits bœufs du pays pour la culture, ceux-ci ayant une bien moins grande valeur.

Il y a beaucoup de buffles dans le Delta, la partie la plus riche du Tonkin, ceux-là habitués à voir fréquemment les Européens, ne les remarquent pour ainsi dire plus maintenant.

Dans les régions hautes, pays à peu près désert, et par conséquent pauvre, cet animal est plus rare.

Quoique le buffle ne soit pas réellement dangereux, il est prudent néanmoins dans les pays où les Européens paraissent rarement, lorsqu'on passe à peu de distance d'un buffle ou d'un troupeau de buffles, de faire signe à l'Indigène qui le garde de lui faire tourner la tête du côté opposé à la troupe.

Quant à l'éléphant, que l'on voit très rarement au Tonkin, et seulement à l'état domestique dans le Delta, lorsqu'il est à l'état sauvage et en troupeau, il cause de très grands dégâts partout où il passe.

Il n'existe réellement à l'état sauvage, qu'en Annam, sur le Haut Fleuve-Rouge et la Haute Rivière-Noire, il est donc généralement peu à redouter.

Mais un animal dont on a très souvent la visite, c'est le tigre que l'on rencontre partout dans les régions montagneuses, dans quelque partie du Tonkin que ce soit.

On ne le voit pas pour ainsi dire dans le Delta sauf quelquefois sur ses confins peut-être, lorsque par trop aiguillonné par la faim, il n'a pas pu trouver dans la montagne, la nourriture suffisante.

Nous allons donc passer en revue toutes les précautions à prendre pour se mettre en garde contre cet animal soit en station, soit en marche.

Le tigre, l'animal le plus à redouter et je dirai même le seul à redouter au Tonkin, voyage presque toujours pendant la nuit et principalement pendant les nuits très noires.

Il fait le plus souvent sa proie des animaux faciles à emporter tels que : le chien, le cochon, etc, mais néanmoins, là où il ne trouve pas ces animaux en quantité suffisante pour se nourrir, il finit par attaquer l'homme, l'Indigène et même l'Européen.

Sa présence est généralement signalée par les chiens qui, le sentant dans les environs, rentrent tout craintifs dans l'intérieur des cases, se cachant par-dessous les meubles comme pour lui échapper.

A Lam, sur le Loch-Nam, où j'ai tenu garnison très longtemps, le tigre venait fréquemment se promener dans le camp qui était complètement ouvert, et comme fort heureusement il y avait toujours beaucoup de chiens, il partait chaque fois avec sa proie sans attaquer les sentinelles.

Le tigre est très couard de sa nature, il se tapit dans la brousse attendant sa victime, et bondit dessus au moment où elle passe à sa portée.

Aussi n'est-il réellement dangereux que dans ce cas là, et un tigre surpris n'attaquera pas l'homme qui par sa stature même lui en impose, comme le prouve le fait suivant, car ayant l'habitude de saisir sa proie à la nuque, il ne peut saisir l'homme qui se tient naturellement droit, que si celui-ci est baissé.

Un coolie-tram portant le courrier dans un poste des hautes régions, c'est-à-dire dans un pays désert et par conséquent boisé ou couvert de brousse, se trouve un jour nez à nez avec un tigre sur le simple sentier qui servait de chemin.

L'homme et la bête s'arrêtent aussi surpris l'un que l'autre, mais le coolie portant instinctivement ses mains en avant, tient ainsi devant lui son paquet de correspondances qu'il abaisse et relève alternativement, comme les Indigènes ont l'habitude de faire leurs laïs en disant au tigre : « Seigneur Tigre, laisse-moi passer, je porte le courrier du Gouvernement Français. »

Le tigre rentre en effet immédiatement dans la brousse, laissant ainsi le passage libre au coolie qui se rend au poste le plus vite qu'il peut, et raconte son aventure.

Pour l'Annamite naturellement superstitieux, le

courrier qu'il portait est le talisman auquel il doit d'avoir conservé la vie, car dans les mœurs du pays le courrier de l'Empereur est l'objet du plus grand respect partout où il passe.

Pour nous, nous en conclurons simplement que le tigre surpris lui-même, en voyant le coolie agiter ses bras de la sorte, a eu peur, mais s'il avait pu l'attendre pour le saisir au passage, ou si le coolie armé l'avait blessé quelque peu, celui-ci rendu furieux ne serait pas parti de la sorte, en laissant le champ libre.

Dans les postes il suffit d'avoir une palissade en bambous très solide, de 3 ou 4 mètres de hauteur environ, comme enceinte extérieure, et de bien faire fermer toutes les portes du poste à l'arrivée de la nuit, car quoique l'on ait cité le cas d'un tigre se ruant à plusieurs reprises sur une porte derrière laquelle se trouvait une sentinelle Indigène pour la saisir, il ne franchira généralement pas un obstacle, mais cherchera toujours au contraire une ouverture pour entrer, parce que très méfiant de sa nature, il craindra de tomber dans un piège, par exemple il n'en sera pas de même pour sortir lorsqu'il aura sa proie.

Lorsqu'on est en marche, dans un terrain boisé ou couvert de brousses, ne pas laisser d'hommes marchant isolément derrière, même en plein jour.

Un de mes camarades a eu un homme ainsi enlevé dans une reconnaissance, pendant le jour.

Fort heureusement pendant qu'il était emporté par l'animal, cet homme a eu la présence d'esprit de tirer son épée-baïonnette du fourreau, pour lui larder les flancs et le forcer à lâcher prise, ce qui arriva en effet.

On courut immédiatement à son secours, et on est cependant parvenu à le guérir à force de temps et de soins, malgré son état très grave.

Cet homme qui appartenait au 1ᵉʳ Régiment Étranger a d'ailleurs dû être réformé par la suite, car ayant eu l'épaule traversée de part en part, il était complètement incapable de faire aucun service actif.

Or, cela se passait dans les circonstances suivantes :

La petite troupe étant en marche dans un terrain montagneux et couvert de brousse, le tigre tapi dans l'herbe comme à son habitude, bondit d'abord sur un tirailleur Tonkinois de l'extrême pointe, qu'il manqua grâce à sa couverture qu'il portait en sautoir, n'ayant donc pas pu emporter sa proie, le tigre fait un grand détour dans la brousse pour revenir ensuite sur la queue de la reconnaissance.

Un Européen s'étant arrêté quelque peu en arrière, le tigre bondit sur lui pendant qu'il était penché pour puiser de l'eau à un arroyo avec son quart, le saisit et l'emporta.

L'animal n'étant pas parvenu à l'étouffer sur le coup, l'homme a été délivré comme on sait, grâce à son sang-froid et à son énergie.

Dans une marche de nuit, faire beaucoup de bruit, en frappant par terre ou sur les arbres avec des bambous, et allumer des torches que l'on répartit de la tête à la queue de la troupe.

Au bivouac faire de grands feux tout autour, que les sentinelles seront chargées d'entretenir pendant toute la nuit, et en prenant bien cette précaution, on peut dormir sur les deux oreilles, le tigre ayant horreur de la lumière.

Après les ours, les sangliers, qui sont d'ailleurs peu nombreux au Tonkin, les guépards et les chats-tigres, nous aurons épuisé toute la série des animaux nuisibles dans les hautes régions.

Il y a également peu de reptiles au Tonkin, quelques serpents dans certaines régions, en très petit nombre et peu dangereux, le plus souvent de simples couleuvres.

Les insectes au contraire, surtout pendant les fortes chaleurs y sont très nombreux, et celui qui a l'épiderme délicat, fera bien dès le jour de son débarquement au Tonkin, de se munir d'une moustiquaire pour son lit, objet absolument indispensable pour se préserver contre les piqûres de moustiques, ces insectes étant pendant la saison chaude, par leur bruissement aux oreilles une cause d'insomnie aussi grande que la chaleur elle-même.

Après une piqûre de moustique, éviter de se gratter pour la faire dégénérer en plaie Annamite toujours très difficile à guérir, mais la frictionner immédiatement avec du vinaigre, c'est le moyen le plus simple en même temps que le plus efficace de cautériser la plaie.

Pendant le jour, la moustiquaire devra être complètement relevée ; avant l'arrivée de la nuit, le boy devra l'abaisser, et la fermer hermétiquement, en ayant bien soin de faire sortir à l'aide d'un éventail tous les moustiques qui pourraient se trouver à l'intérieur.

Pour se coucher, s'introduire rapidement dans le lit, en prenant la précaution de tenir la lumière le plus loin possible, et de la conserver très peu de temps dans sa chambre, si l'on veut passer une nuit tranquille, car la lumière attire ces insectes malfaisants.

Quant au couchage, se rapprocher comme pour la nourriture et le vêtement, des habitudes des habitants.

Avoir un lit très large, en lamelles de bambou très minces, pour lui donner plus d'élasticité.

Pendant la saison chaude, un matelas Cambodgien recouvert d'un drap sera suffisant, et comme à cause de la chaleur on ne pourrait supporter même un drap sur le corps, mettre en se couchant un cai-ao et un cai-quan annamite, ce qui remplacera avantageusement la gandoura d'Algérie, et offrira en outre l'avantage à celui qui se trouve dans un poste de pouvoir être rapidement sur pied en cas d'alerte.

On peut également pendant la saison chaude, remplacer le matelas Cambodgien par un matelas ordinaire que l'on recouvrira d'une simple natte, pour donner de la fraîcheur.

Pendant l'hiver, on peut avoir, paillasse, matelas, draps et couvertures, selon la température.

Il est distribué aux hommes, chaque année, pour la saison froide, en plus du couvre-pied de campement qu'ils ont constamment, une petite couverture et une grande couverture, dite couverture d'hiver.

Chaque Européen doit donc avoir pour la saison d'hiver un couvre-pied de campement, une petite couverture et une grande couverture.

Chaque tirailleur tonkinois a un couvre-pied de campement et une petite couverture, ce qui est absolument indispensable dans les postes des hautes régions.

Je vais parler maintenant des mesures de sûreté à prendre dans les postes.

Les troupes qui tiennent garnison dans les petits postes, d'un effectif généralement très restreint, font un service très pénible, ayant à fournir le service des reconnaissances, des escortes, de garde, etc.

Il faut donc tâcher de réduire le service de sûreté dans les mesures du possible, en ne conservant que le nombre strictement nécessaire de sentinelles, de manière à n'avoir rien à craindre pour la sécurité générale du poste.

Dans beaucoup de postes, les sentinelles restent immobiles dans un mirador, où elles passent toute la durée de leur faction sans bouger, or, pendant la nuit, la sentinelle voit peu ou voit mal, si elle reste constamment en place.

Il est bien préférable de faire circuler les sentinelles, pour cela, établir un chemin de ronde sur tout le pourtour du parapet formant l'enceinte intérieure, chacune des sentinelles devant parcourir une partie de ce périmètre, et faire constamment les cent pas.

Les sentinelles étant ainsi tenues en éveil, on pourra en réduire le nombre, car poussant le cri de veille à intervalles plus ou moins égaux, elles tromperont ceux qui pourraient avoir l'intention de tenter un coup de main contre le poste, sur l'emplacement et le nombre des sentinelles qui pousseront leur cri tantôt à un point, tantôt à un autre.

Les sentinelles ne devront donc se tenir dans le mirador que pendant le mauvais temps, qui remplacera ainsi la guérite de France.

On pourra en outre prescrire de fréquentes rondes faites par les différents gradés pendant la nuit.

On a essayé d'organiser le service des chiens de guerre au Tonkin, le chien Annamite est certainement un excellent chien de garde, aussi, pourra-t-on l'employer en station dans les postes, en le plaçant sur le parapet ou dans le mirador; au moindre bruit, il préviendra la sentinelle de se tenir sur ses gardes.

Mais on ne pourra l'employer que dans ces seules circonstances, n'ayant pas les aptitudes nécessaires pour le service d'éclaireur ou d'estafette.

On ne peut davantage employer les chiens Européens pour ce service, car donnant généralement de la voix trop tôt, ils signaleraient la présence d'une troupe à l'ennemi, lorsqu'on aurait tout intérêt au contraire à la lui cacher.

Il est alloué aux officiers de troupe en marche un certain nombre de coolies très restreint d'ailleurs pour le transport des vivres et des bagages.

Emporter le strict nécessaire comme effets de rechange, (vêtements, linge et chaussures, literie) pour augmenter le plus possible la quantité des victuailles.

Les coolies portent généralement un poids moyen qu'il ne faut guère dépasser (30 à 35 k^{os}) 40 k^{os} au plus dans les débuts, par charge, c'est à dire par deux coolies porteurs.

La tenue pour faire colonne est en kaki, pour les officiers comme pour la troupe, il faut donc emporter deux tenues de kaki, une tenue en molleton de flanelle pendant l'hiver, le linge de corps et de toilette indispensable, une couverture ou deux selon la saison, une moustiquaire et une bonne paire de souliers de fatigue de rechange.

Après avoir emballé le tout, on complètera la charge au poids réglementaire avec des conserves, il est toujours prudent de s'en munir en quantité suffisante, car les colonnes durant plus ou moins longtemps, on ne peut jamais savoir au moment du départ, lorsque l'on reviendra.

Comme on ne trouve pas toujours sur son chemin les ressources nécessaires pour se ravitailler, en réduisant son bagage personnel pour accroître en proportion les provisions de bouche, on augmentera par cela même le nombre de coolies auquel on a droit pour le transport de la popote.

D'aucuns prétendent que lorsque l'on est en marche, il faut boire selon sa soif.

Je n'ai jamais partagé cet avis, je crois au contraire qu'il faut toujours résister le plus possible à l'envie de boire, l'eau que l'on peut absorber en route, surtout dans les régions montagneuses, étant toujours mauvaise, car le pays étant généralement désert, on y trouve rarement des villages où l'on puisse avoir de l'eau de source.

Boire de l'eau crue dans ce pays, étant absolument contraire à l'hygiène, il faut donc obtenir par tous les moyens possibles des hommes qu'ils ne boivent pas à chaque passage d'arroyo, beaucoup le faisant surtout par habitude, c'est le devoir du chef de la leur faire perdre.

J'ai marché au Tonkin, dans le Delta, comme dans les régions montagneuses, pendant les plus fortes chaleurs, aux heures les plus chaudes de la journée, j'ai toujours résisté à la soif et je m'en suis toujours très bien trouvé.

J'avais même l'habitude lorsque j'étais trop altéré, de fumer une cigarette, j'y trouvais certainement plus de soulagement qu'à boire de l'eau coup sur coup et je transpirais beaucoup moins.

C'est un procédé pour se rafraîchir qui ne paraîtra peut-être pas bien efficace à beaucoup, mais il ne coûte rien de l'essayer.

Les hommes qui boivent beaucoup en route, sont généralement ceux qui transpirent le plus, et bien qu'il soit bon de transpirer beaucoup au Tonkin, je crois que comme en tout, il faut une certaine modération.

La transpiration poussée à un trop grand degré, doit être, il me semble, une cause d'anémie, et il n'est pas nécessaire d'en ajouter une nouvelle à celles déjà si nombreuses dans le pays.

C'est donc une habitude contre laquelle il faut lutter et que l'on doit faire perdre en route aux hommes toujours portés à boire au moindre filet d'eau qu'ils rencontrent.

Dans les parties habitées du Tonkin, comme dans le Delta par exemple, on peut se rafraîchir en route avec du thé chaud que vendent des marchandes sur les routes fréquentées, mais dans le pays désert des hautes régions, où l'on ne rencontre que des arroyos dont l'eau est malsaine, il faut recommander aux hommes de se rincer simplement la bouche, ou de se verser de l'eau sur la tête à l'aide d'un quart, ce qui est encore le meilleur moyen de se rafraîchir et surtout le moins nuisible à la santé.

En colonne, les troupes passant la nuit au bivouac, devront se couvrir la tête avec une coiffure tenant de l'ancien bonnet de police ou de la calotte actuelle de cavalerie et protégeant les yeux contre l'ophtalmie.

Les hommes de troupe doivent prendre chaque matin le café noir, avec la ration réglementaire de tafia, pour chasser les brumes matinales.

Il est en effet très prudent, en reconnaissance ou en colonne, de ne pas se mettre en route le matin complètement à jeun.

Ceux qui ont l'habitude de manger au saut du lit, pourront prendre une soupe ou faire un léger repas froid avec un verre de vin, les autres devront boire une tasse de café noir pour leur permettre de supporter les brouillards généralement malsains du matin.

Au Tonkin, au lieu d'avoir leur plaque d'identité au cou comme cela se fait généralement, les hommes devront au contraire la porter constamment au poignet, car en cas de mort sur le terrain où les cadavres sont généralement retrouvés décapités, il devient difficile de les reconnaître.

Je n'ai parlé dans cette brochure que des régions montagneuses, et cela avec intention, puisque la piraterie n'existe plus actuellement que dans ces régions.

Elle y existera probablement encore très longtemps, car de même qu'on n'a pas bâti Rome en un jour, on ne peut arriver qu'à la longue à purger complètement ces régions des bandes qui les infestent depuis un temps séculaire.

C'est donc là que se trouve reporté pour l'avenir le théâtre des opérations militaires pour un temps plus ou moins long.

Cela dépendra d'ailleurs de l'esprit de suite que nous pourrons avoir dans les idées, ce qui nous a toujours fait défaut jusqu'à ce jour, depuis les nombreuses années que nous sommes déjà au Tonkin.

Faisant donc abstraction du Delta, où l'on trouve tout le bien-être désirable et la tranquillité la plus parfaite, j'ai surtout voulu montrer le Tonkin sous son mauvais côté, pour que l'on puisse y remédier.

Dans les régions hautes en effet, si l'on a à combattre le pirate, qui est peut-être l'ennemi le moins à craindre, car on le voit moins souvent, il faut lutter chaque jour contre le soleil, la fièvre, la bête fauve, etc., et ce tableau noir que j'ai fait de ce pays pourrait tout d'abord donner à réfléchir à ceux qui auraient l'intention d'aller y guerroyer.

Malgré toutes les difficultés morales et physiques que l'on peut s'attendre à y rencontrer, si trop malheureusement y sont restés, beaucoup aussi qui en sont revenus ne demanderaient qu'à y retourner.

Cette vie, bien que n'étant pas toujours gaie est la seule qu'un jeune officier puisse rêver et qui offre un certain attrait.

On finit en effet par l'aimer plus que toute autre, cette existence d'imprévu et d'aventures, cette guerre d'escarmouches si propre à l'éclat de la bravoure personnelle.

Le Tonkin ne peut certainement être qu'une mauvaise école pour les grades élevés, surtout maintenant où il n'y a plus d'opérations à grande envergure, et l'on aurait tort de porter au pinacle au point de vue d'une guerre future en Europe, tel Chef qui se sera distingué, en le jugeant simplement par ses actes au Tonkin, fût-ce même pendant la période de la conquête.

Mais c'est au contraire une excellente école pour les officiers subalternes, car là, ils se formeront en acquérant le sang-froid, en se faisant le coup d'œil, et en apprenant à prendre de l'initiative, toutes qualités militaires qui ne sont pas à dédaigner chez un jeune officier, et qui ne feront que se développer à mesure qu'il blanchira sous le harnais.

Certains détracteurs du Tonkin par tempérament pourront aussi trouver que la conquête du pays n'est pas complètement faite, puisque nos troupes ont encore à lutter contre les bandes qui occupent les hautes régions, sur une aussi grande étendue de terrain.

Il n'est pas de meilleur sourd que celui qui ne veut pas entendre, et bien aveugles ceux qui par parti pris voudraient quand même nous convaincre, que parce qu'il existe encore quelques bandes de voleurs dans ces régions, notre occupation est menacée.

Je crois en effet avoir assez démontré quel était l'ennemi que nous avions à combattre là-bas, il ne peut donc plus exister le moindre doute pour personne à se sujet.

Il n'en est pas pour le Tonkin comme il en a été pour la pacification de l'Algérie, où bien longtemps après la conquête même, nous avons eu à lutter encore contre de vrais guerriers, et bien plus contre des fanatiques, qui venaient nous livrer combat en rase campagne, se ruant sur nos carrés où ils se faisaient tuer jusqu'au dernier pour une cause noble et généreuse.

Nous n'y rencontrons même pas l'ennemi qui plus récemment au Dahomey, combattait pour son roi, car si parfois les soldats de Béhanzin nous ont fait la guerre d'embuscade, il faut reconnaître que bien souvent eux aussi ont engagé la lutte corps à corps avec nos troupes.

Là-bas on a constamment devant soi un ennemi que l'on ne voit pas et qui se terre.

Si l'Arabe, par sa manière de se battre, a pu être comparé au Lion du Désert, le pirate le sera à la bête fauve la plus redoutable au Tonkin, au Tigre.

Comme cet animal il se tapit dans la brousse, derrière un rocher, dans un endroit propice à l'embuscade, attendant sa proie, pour l'appréhender au passage.

Certains prétendent que les pirates chinois dans les régions montagneuses montrent plus de courage et opposent une résistance plus opiniâtre que les anciennes bandes du Delta.

Je n'ai jamais accordé plus de bravoure aux uns qu'aux autres, et dans différentes circonstances, j'ai toujours reconnu qu'ils avaient tous la même tactique pour nous combattre.

Si le pirate chinois a pu paraître nous opposer plus de résistance que le pirate annamite, il ne faut pas l'attribuer, je crois, à sa valeur personnelle, mais surtout au terrain, qui est encore plus favorable dans les régions montagneuses que dans le Delta.

Pour les uns comme pour les autres, il s'est toujours agi de nous prendre dans un endroit difficile et dans quel but?

Dans un simple but de banditisme, pour avoir des armes, des munitions et quelquefois même de l'argent.

Comme tous les Orientaux, dont le système nerveux est peu actif, le Chinois a une très grande énergie pour supporter la souffrance, mais le mépris de la mort que l'on veut bien lui prêter, est dû plutôt à son tempérament apathique, et à son esprit fataliste qu'à sa bravoure.

Nous ne trouvons donc actuellement au Tonkin que de vulgaires brigands, et comment pouvons-nous avoir la prétention de voir le brigandage complètement supprimé, dans un pays que nous occupons depuis dix ans à peine, et où il existe depuis les temps les plus reculés, lorsque dans notre vieille Europe civilisée, il n'y a encore que quelques années, des bandes armées arrêtaient les trains en Turquie pour prendre des ôtages et se faire donner de l'argent en échange?

Ne peut-on pas mieux comparer cet acte de banditisme qu'à la prise des frères Roques au Tonkin en 1889-90 près de Dong-Trieu par la bande de Lu-Ky, et à celle de M. Vézin, plus récemment sur la route de Lang-Son par les Chinois, où les prisonniers ont été remis en liberté après le paiement d'une rançon.

Dernièrement encore on citait des faits de ce genre.

Nous voyons en outre chaque jour sur les journaux que dans les plus grandes villes comme à Paris, la Ville Lumière, un assassinat a eu lieu la nuit en pleine avenue de l'Opéra, que même en plein jour, un crime a été commis dans un des quartiers les plus populeux de la capitale ayant pour mobile le vol.

Pourquoi ne veut-on pas admettre, si l'on peut assassiner aussi facilement et en pleine lumière dans une ville qui compte près de trois millions d'habitants, que les mêmes crimes puissent se commettre dans un pays généralement désert, complètement inculte, et où l'on ne voit pas le plus souvent à un mètre devant soi?

Reportons-nous un peu en arrière, et revoyons l'histoire de notre pays il y a un siècle, nous reconnaîtrons facilement que les bandes pirates qui se trouvent actuellement au Tonkin, dans les régions montagneuses, rappellent tout simplement celles qui autrefois arrêtaient sur les mauvais chemins de cette époque, les vieilles pataches de nos pères.

Ou, mieux encore, transportons-nous au temps de la Féodalité lorsque les grands seigneurs faisaient payer le tribut aux vassaux de leurs fiefs, rançonnant le plus qu'ils pouvaient les pauvres hères de serfs.

RÉFLEXIONS DE L'AUTEUR.

Depuis de nombreuses années on s'inquiète avec beaucoup de raison du sort qui sera réservé à la France à cause de sa dépopulation prochaine, le nombre des décès allant bientôt dans notre pays dépasser celui des naissances.

Des hommes-éminents, des savants, recherchent les moyens de remédier à cet état de choses, mais malheureusement jusqu'à ce jour, leurs recherches sont toujours restées infructueuses, et ce problème difficile n'a pas encore pu être résolu.

Espérons que dans l'intérêt même de l'humanité tout entière et de la civilisation, il le sera dans un avenir très prochain.

Mon idée prédominante en faisant ce petit volume a été précisément de mettre le bagage de connaissances et d'expériences que j'ai pu acquérir pendant mes différents séjours au Tonkin à la disposition de ceux qui y vont pour la première fois, dans le but de faire diminuer dans toutes les mesures du possible, la mortalité très grande surtout dans ces dernières années, autant par le fait de la maladie que par le feu de l'ennemi.

On ne peut malheureusement espérer pouvoir arriver à la supprimer complètement, mais bien souvent, par les précautions à prendre, les mesures d'hygiène, et surtout par la prudence, on peut prétendre la diminuer dans des proportions assez sensibles.

Il est à remarquer en effet, que depuis quelques années, quoique l'effectif du Corps d'occupation ait été considérablement réduit, nous avons éprouvé relativement beaucoup plus de pertes que pendant les années qui ont suivi la conquête.

Dans ces pertes nous avons eu à regretter surtout des officiers dans une très grande proportion, et la statistique nous montrera que la plupart de ces officiers débarquaient nouvellement ou n'étaient que depuis très peu de temps dans la Colonie, y venant pour la première fois.

Cela démontrerait assez que ces officiers qui ne connaissaient pas le pays ou ne le connaissaient que par ouï-dire, les uns trop optimistes, les autres trop pessimistes, marchaient à leur arrivée au Tonkin, ceux-ci avec trop de confiance, croyant être dans un pays absolument tranquille et se départissaient de toutes les mesures de simple prudence toujours indispensables dans un pays que l'on ne connaît pas, ceux-là au contraire, arrivant avec des idées préconçues, et voulaient appliquer trop à la lettre les règlements de France dans un pays où cela n'est pas possible.

Ces officiers ont certainement été tous très braves, et ont payé de leur vie leur manque d'expérience.

Mais malheureusement leur mort n'aura donné aucun résultat, ni rapporté aucun fruit, et si bien souvent ils avaient pu avoir un bon conseiller, ils auraient peut-être conservé à la France un sang versé inutilement et dont plus tard elle pourra avoir besoin.

J'irai même jusqu'à dire que le sang ainsi répandu, non seulement n'aura pas servi à notre cause, mais bien plus encore, que cela aura nui à notre influence dans le pays.

Beaucoup en effet paraissent ignorer combien rapidement se transmettent les nouvelles au Tonkin, parmi la population Indigène, de bouche en bouche, sans avoir recours au télégraphe pour cela.

Aussi un événement un peu important qui se sera passé dans les hautes régions, sur la frontière elle-même, sera-t-il connu par les habitants du Delta, dans un temps relativement court.

Certains ayant intérêt à faire courir le bruit que

nous ne resterons pas au Tonkin, mais que nous l'abandonnerons un jour, le moindre échec pour nos armes ainsi ébruité, et démesurément grossi, peut empêcher ceux qui n'ont pas encore cru pouvoir se mettre ouvertement avec nous, de se décider à le faire, par crainte de représailles de la part des Chinois, s'il était vrai que nous dussions évacuer le pays.

Car au fond, l'Annamite craint beaucoup plus le Chinois que nous, sachant bien que s'il redevenait un jour le maître au Tonkin, il brûlerait et saccagerait tout.

Nous devons donc pour arriver à la pacification complète du pays, compter autant sur une bonne politique, que sur le succès de nos armes.

Il faut surtout par une bonne politique, nous efforcer de gagner la confiance de toute la population Indigène.

Depuis que nous sommes au Tonkin, nous n'avons en effet jamais eu la moindre suite dans les idées ; nous avons changé de Gouverneur à tout bout de champ, chacun arrivant naturellement avec ses idées personnelles et bien souvent même avec ses créatures, changeant non seulement le personnel, mais encore tout ce qui avait pu être fait par son prédécesseur.

De plus, la situation de Gouverneur Général est très délicate, le meilleur des Gouverneurs lui-même ne peut plaire à tout le monde à la fois.

Le Gouverneur qui semble accorder trop à l'autorité militaire, se fait l'ennemi de l'autorité civile et réciproquement.

Alors les journaux de la Colonie s'en mêlent, car il y a déjà des journaux au Tonkin, trop de journaux même et depuis trop longtemps, voire des journaux intransigeants!

Tel journal qui ne reçoit plus de subsides de la caisse des fonds secrets se met immédiatement de l'opposition, car l'opposition quand même est une si belle chose et surtout qui rapporte tant dans toutes les parties du monde sur quelque point du globe que l'on se trouve, que ceux qui font métier de dénigrer ont le plus de chance de réussir dans leurs affaires et de trouver plus de lecteurs, le caractère du Français, étant ainsi fait, que ce soit en France ou en Extrême-Orient

Tout Gouverneur Général nouvellement arrivé au Tonkin, en ayant bien soin d'éviter les conflits entre les éléments civil et militaire, car de là de nombreuses polémiques, qui ne sont que nuisibles à notre influence dans le pays, devra donc s'attacher surtout à maintenir cette influence, et à l'augmenter encore par ses actes, en cherchant à inspirer confiance à la population Indigène qui, par elle-même très observatrice, n'a pas encore cru jusqu'alors, à cause de notre défaut même de stabilité, pouvoir nous la donner entièrement.

Pour arriver à gagner cette confiance complète de la population Indigène qu'avons-nous donc à faire?

A montrer à tous que quoi que l'on puisse dire, nous avons la ferme intention de rester dans le pays, et pour cela, il suffit de créer des centres, de bâtir, de nous y installer enfin d'une manière définitive, et comme je l'ai déjà dit, de faire de nombreuses voies de communication, surtout dans les régions encore désertes.

En suivant ce système, nous finirons par arriver au but, et les quelques retardataires qui éprouvaient encore quelques craintes pour se mettre franchement avec nous, n'hésiteront plus à le faire.

A mesure que nous aurons ainsi inspiré confiance à la population, convaincue que nous sommes les seuls maîtres au Tonkin, l'influence française aura complètement supplanté l'influence chinoise dans tout le pays.

On veut bien nous parler des difficultés que nous suscitera toujours le voisinage de la Chine, mais je crois que si nous avons des adversaires de notre occupation au Tonkin, c'est ailleurs que nous devons les chercher.

De tels propos ne supportent d'ailleurs aucune réfutation, car si le Gouvernement de Pékin, avait eu l'intention de nuire à notre influence dans la Colonie, il avait l'occasion belle en ne faisant aucune convention avec le Gouvernement français qui autorise les convois de ravitaillement de Cao-Bang à passer sur le territoire Chinois, sinon d'empêcher complètement, du moins de gêner considérablement le ravitaillement de toute cette région.

Or, cette convention est postérieure à la signature du traité de paix entre les deux Gouvernements et ne date que de 1890.

Évidemment il ne manque aux quatre cent millions de Chinois que des goûts militaires et un armement pour redevenir redoutables et pour constituer une menace, bien que leur armement se soit beaucoup amélioré depuis l'expédition de Chine et la conquête du Tonkin.

Jusqu'à présent, fort heureusement, ils n'ont pas d'instincts guerriers, car en Chine comme au Tonkin, le guerrier est le moins considéré, le lettré étant le premier.

Précisément depuis plusieurs années déjà, dans la région de Cao-Bang, sur la frontière même, les Thos se sont mis ouvertement avec nous pour combattre les bandes Chinoises.

Ils seraient cependant les premiers à supporter les représailles de celles-ci, si un jour nous devions abandonner le pays.

S'ils consentent donc à prendre ainsi les armes avec nous, comment pourrait-il en être autrement de ceux qui n'ont pas à redouter les représailles immédiates des bandes pirates?

Il est vrai que le Tho, homme de la montagne est plus fort, plus vigoureux et plus guerrier que l'Annamite du Delta.

Il a d'ailleurs beaucoup de ressemblance avec le Chinois dont il a presque la taille et le costume, comme lui, il porte aussi la queue.

Le Tho se croit en outre bien supérieur au Tonkinois pour lequel il professe un certain mépris.

L'Annamite du Delta qui va dans les régions montagneuses, se trouve complètement dépaysé, car il n'y trouve plus le même terrain, ni la même manière de vivre, le langage lui-même est différent.

Les gens de la montagne au Tonkin portent différents noms, suivant qu'ils sont de la région de Cao-Bang, sur la Rivière-Noire, etc.

Ici, ils s'appellent les Thos, là les Muongs, ailleurs les Mans, mais tous ont le même mépris pour l'Annamite du Delta, c'est-à-dire pour l'homme de la plaine.

Aussi ne veulent-ils être commandés que par ceux de leur propre race, et la malheureuse affaire de Cho-Bo en 1891, sur la Rivière-Noire, n'a eu lieu que parce que le Résident avait voulu imposer aux habitants du pays, c'est-à-dire aux Muongs, une autorité Annamite venant de Son-Tay, autrement dit du Delta.

Le Résident lui-même y a trouvé la mort avec beaucoup d'autres, mais cette vengeance était plutôt dirigée contre notre mauvaise politique, que contre notre influence même dans le pays.

J'ai dit que la piraterie avait diminué, même d'une manière sensible au Tonkin depuis sept ou huit ans, mais pour ne pas paraître vouloir y mettre de parti pris, je ferai cette concession à ceux qui prétendent le contraire, qu'elle n'a pas diminué, mais qu'elle en est au même point qu'à la fin de 1887 par exemple.

Cela ne sera certainement pas flatteur pour tous ceux qui se trouvaient dans la Colonie pendant cette période, mais je leur en demande très humblement pardon, la nature humaine est ainsi faite que chacun veut faire mieux que son prochain, et trouve mal fait tout ce qui a été fait par son prédécesseur.

Ceux qui ont vécu longtemps sur cette terre du Tonkin, si féconde en surprises, en ont malheureusement vu de trop fréquents exemples, à quelque degré de la hiérarchie que ce soit.

Mais après avoir fait cette concession, je demanderai à mon tour que l'on m'accorde au moins que pendant ces dernières années la piraterie n'a pas augmenté.

A quoi peut donc tenir cette grande mortalité?

Au manque de précautions et aux nombreuses imprudences commises; faute d'observer bien souvent les mesures d'hygiène les plus élémentaires, au point de vue de la conservation de la santé, voilà pour la mortalité par la maladie.

Quant à la mortalité par le feu, après avoir suffisamment montré à ceux qui arrivent nouvellement au Tonkin, l'ennemi à combattre, sa manière de se battre, après leur avoir bien fait comprendre que cet ennemi ne met pas le même point d'honneur à conserver une position par exemple, que nous mettrons à vouloir l'enlever ; qu'il ne nous résiste généralement que pour protéger un butin ou faire passer un convoi ; qu'il ne nous livre jamais combat en rase campagne, mais toujours sur un terrain favorable à l'embuscade ; qu'il ne nous attaque enfin que dans un but de pillage, pour avoir de l'argent, des armes et des munitions, s'il se trouve dans une position avantageuse, et si nous sommes en nombre bien inférieur ; qu'il n'est pas par conséquent un patriote, qu'il n'est même pas un fanatique, mais comme je n'ai cessé de le dire ; un contrebandier, un simple voleur, et un vulgaire pillard, je tâcherai de les mettre de suite, dès leur arrivée dans le pays, en garde contre la témérité, qui a été cause, hélas ! déjà de trop nombreuses déceptions.

Donc, pas de bravoure exagérée contre un adversaire qu'aucun sentiment généreux n'anime !

En ne se départissant pas, je crois, des mesures les plus élémentaires de prudence, on diminuera sensiblement la mortalité par le feu, ce qui sera déjà un résultat appréciable.

C'est le but que je me suis proposé en faisant ce

volume, trop heureux si je puis, non pas atteindre le but désiré, ce qu'il ne faut pas espérer malheureusement, mais au moins m'en approcher le plus possible.

Ce serait pour moi une bien grande satisfaction de voir que je n'ai pas prêché complètement dans le désert et que mes conseils ont porté leurs fruits.

Puisse donc ce volume aussi petit qu'il soit, contenant des indications utiles qui sont le résultat d'une grande expérience acquise pendant un long séjour dans le pays, avoir rendu ce grand service à la Patrie, d'avoir fait épargner le sang du plus grand nombre de ses enfants, ce sang généreux, si utile à toute l'humanité et surtout à la cause de la civilisation! le sang français! ce sang dont Jeanne d'Arc a dit : Sang français est bon, et bon sang ne saurait mentir!

CONCLUSION.

Nous avons vu dans les différentes parties de ce volume, quel était l'ennemi que nous avions à combattre actuellement au Tonkin, quelle était la manière de cet ennemi de se battre ; nous avons en outre montré les moyens de le combattre dans le but de perdre le moins de monde possible, tout en obtenant les meilleurs résultats.

Est-il donc besoin pour cela, de demander de nouvelles troupes à la Métropole, comme certains le prétendent?

Les commerçants français ont poussé les hauts cris lorsqu'en 1886, en 1888 et en 1890 on a rapatrié les troupes du Département de la Guerre, mais ce n'était qu'au point de vue commercial, car le Corps d'occupation seul les faisait vivre, le Tonkin n'ayant encore à cette époque aucun grand commerce.

Non, l'effectif actuel des troupes européennes est

bien suffisant, mais il ne faudrait pas néanmoins le laisser trop réduire, comme cela arrive quelquefois, faute de combler de suite les vacances qui se produisent constamment, soit par suite de mortalité, soit par suite de rapatriement, car il faut toujours tenir compte des malades dans les Corps, dans les Infirmeries-ambulances et dans les Hôpitaux, qui bien que faisant partie de l'effectif présent au Tonkin, ne sont pas valides.

Il faut donc organiser une Armée Coloniale, comme les Anglais aux Indes, c'est-à-dire, faire une armée spéciale avec un avancement spécial, car le passage des officiers de l'Armée de la Métropole à l'Armée Coloniale et réciproquement, donnera certainement lieu à de trop nombreux abus de favoritisme.

Le seul moyen d'avoir une Armée Coloniale solide est en effet de la composer d'officiers, de gradés et d'hommes de troupe ayant l'intention de se consacrer complètement à cette carrière.

Ce sera certainement leur demander beaucoup, que de se destiner pour toute la durée de leur vie militaire aux Colonies, mais aussi devra-t-on leur faire certains avantages, au point de vue de la solde, de la retraite enfin, réduire le nombre d'années de service.

Pour le recrutement des sous-officiers, caporaux et hommes de troupe, on ne devra accepter que des engagés, c'est-à-dire des hommes ayant déjà fait au moins un congé.

On trouvera facilement le noyau de l'Armée Coloniale dans la Légion Étrangère, Infanterie, Cavalerie et Artillerie.

Pour débuter dans les Colonies, il ne faut pas y aller trop jeune, ni à un âge trop avancé, généralement pas avant 25 ans et pas après 40 ans.

Nous avons vu autrefois la différence bien marquée qui existait entre les hommes du Bataillon d'Afrique, jeunes gens à peine formés pour la plupart, et les hommes de la Légion Étrangère à la même époque, hommes faits et ayant tous plusieurs congés, les uns résistant difficilement à la fatigue, les autres au contraire d'une endurance prodigieuse.

Déjà depuis plusieurs années, on a pu s'apercevoir au Tonkin, que le mode de recrutement de la Légion Étrangère n'était plus le même et qu'on admettait des jeunes gens ayant peu ou pas de services avant leur incorporation.

L'Infanterie de Marine elle-même qui n'est pour ainsi dire composée que de jeunes gens arrivés dans la Colonie, à peine instruits, et qui avec le service de 3 ans seront libérés peu de temps après leur rentrée en France, se trouve aujourd'hui dans les mêmes conditions qu'autrefois le Bataillon d'Afrique.

Pour les Colonies, il faut donc une armée spéciale, composée de cadres et d'hommes spéciaux.

Les mêmes gradés et les mêmes hommes ne devront pas naturellement toujours aller dans les mêmes Colonies, mais il y aura un tour établi d'après lequel chacun devra passer successivement d'une Colonie moins saine à une Colonie plus saine et réciproquement.

Des congés seront en outre donnés après chaque séjour dans une Colonie, pour en jouir en France ou en Algérie.

Voilà ce qui devra être fait pour les troupes européennes, nous avons ensuite les troupes indigènes dans chaque Colonie, dont nous devons tirer le meilleur parti possible.

Au Tonkin par exemple, les tirailleurs tonkinois forment une troupe ayant de très grandes qualités qu'il faut savoir mettre à profit; se mobilisant très rapidement, elle a en outre le grand avantage de pouvoir marcher à toute heure du jour et de la nuit, sans être obligée de traîner après elle tous les impedimenta qui suivent toujours une troupe européenne.

Conservant donc les troupes européennes comme réserve, c'est avec les troupes indigènes que l'on aurait dû opérer depuis longtemps déjà, contre les bandes Chinoises qui existent encore dans les régions montagneuses.

On pourrait en effet, en formant un quatrième Régiment de tirailleurs tonkinois comme autrefois, avoir un certain nombre de compagnies franches, composées des hommes les plus solides choisis dans les quatre Régiments.

Ces compagnies auraient l'effectif complet de 250 à 300 hommes, avec le cadre Européen et Indigène pris aussi parmi les meilleurs gradés.

Le cadre des compagnies Indigènes ne comportant que trois officiers, on pourrait adjoindre un quatrième officier à chaque compagnie franche, afin que chaque section manœuvrant isolément, soit constamment commandée par un officier.

Lorsque l'on aurait pu obtenir des renseignements sérieux sur les bandes pirates, une compagnie partirait dans la direction indiquée, conduite par des guides sûrs, connaissant bien le pays, elle aurait pour mission de surprendre les bandes, de les poursuivre, de leur tendre des embuscades, de les harceler enfin continuellement, et d'empêcher autant que possible leur ravitaillement.

Selon l'importance des bandes signalées on augmenterait le nombre de ces compagnies, et cette guerre de montagne étant très fatigante, après un certain temps d'autres compagnies viendraient les relever pour leur permettre d'aller en station prendre du repos.

Les nouvelles compagnies continueraient la même tactique, et la relève se faisant ainsi périodiquement et sans interruption aucune, la région se trouvant bientôt battue dans tous les sens par nos troupes, les bandes traquées de tous les côtés, seraient enfin obligées de se rendre ou d'abandonner complètement un pays où l'existence ne leur serait plus possible.

Je crois que tant qu'il n'y aura pas de routes dans les régions montagneuses, c'est le seul moyen d'arriver à un résultat, car comme je l'ai dit, les bandes se dispersent toujours devant un grand déploiement de forces, pour revenir ensuite après le départ de nos troupes.

N'ayant donc bien souvent rien vu, on croit avoir complètement débarrassé le pays de la présence de ces bandes, lorsqu'en réalité, il n'en est rien, et la piraterie y existe toujours au même degré ; on en acquiert d'ailleurs souvent la certitude, si un petit détachement va quelque temps après dans les mêmes parages, car il y trouve quelquefois forte partie.

On pourra tenir une ou plusieurs compagnies de troupe européenne en réserve, toujours prêtes à partir au premier signal, en cas de besoin, mais on ne doit pas les fatiguer inutilement, et il faut surtout éviter les pertes d'hommes.

Avant qu'il y ait mort d'homme, il faut voir le résultat, et comme il est généralement négatif, il est donc complètement inutile de faire des sacrifices d'hommes que rien ne motive, bien qu'il ait été dit qu'au Tonkin, il fallait faire un grand sacrifice d'hommes et surtout d'officiers !

Mais malheureusement celui qui avait prononcé ces paroles néfastes, les mettait en pratique quelques jours plus tard.

La conclusion que nous pouvons tirer de tout ce qui précède, est celle-ci ; que nous sommes au Tonkin et que nous avons la ferme intention d'y rester.

Nous avons pu malheureusement jusqu'à ce jour, n'avoir pas toujours montré dans notre administration la suite désirable dans les idées.

Au moment où chaque Nation n'a d'autre intention que d'ouvrir de nouvelles contrées à son influence, la France ne pouvait certainement pas observer ce mouvement en avant sans s'y intéresser.

Comme l'a dit Émile Souvestre : « Il faut que chaque terre donne ce qu'elle a et reçoive ce qui lui manque. »

Nous devons donc nous aussi pénétrer le plus avant possible dans les pays nouveaux, pour faire produire au sol des richesses que des indolents le plus souvent et n'ayant pas les mêmes besoins que nous, ne sont pas en pouvoir d'en tirer.

Lorsque nos Colonies prennent de jour en jour plus d'importance, la nécessité d'un Ministère spécial s'imposait, et avec le Ministère des Colonies la création d'une Armée spéciale, et je dirai même d'une marine spéciale comme il existe déjà un Corps de Santé et un Commissariat Colonial, dont le Ministre des Colonies responsable sera le véritable chef.

L'instabilité de notre administration a eu jusqu'alors pour conséquence l'instabilité de notre politique Coloniale et toutes les défaillances qui l'ont si souvent marquée.

Pas besoin en effet d'avoir des Colonies si nous ne devons pas nous en occuper, la politique Coloniale s'est toujours discréditée par son incohérence; un peu de bon sens saura lui rendre son prestige.

En somme, depuis dix ans que nous sommes au Tonkin, nous n'avons absolument rien fait pour y assurer notre influence, précisément à cause de ce manque de suite dans les idées.

Il semble que par notre politique même, nous ayons pris à tâche de méconnaître les véritables intérêts des populations Indigènes, alors que nous entravions comme à plaisir les efforts des Colons français.

Les pouvoirs généralement divisés, sans force, sans initiative, sans prestige, le conflit permanent des attributions et des volontés, voilà quel en a été le funeste résultat !

Il est donc temps de se ressaisir, et d'adopter enfin une ligne de conduite nouvelle, au mieux des intérêts nationaux.

Jusqu'ici, chaque Cabinet vivant pour ainsi dire au jour le jour, s'est dispensé de traiter à fond les affaires à longue échéance, parce que la direction de la politique coloniale n'a cessé d'être sous la dépendance immédiate des intrigues parlementaires.

Avec un tel système on s'imagine sans peine que le choix des Résidents Supérieurs et des Gouverneurs, envoyés si loin de la Mère-Patrie, pour faire aboutir l'œuvre colossale de la conquête et du protectorat, était abandonnée au pur hasard.

Le Gouvernement tenait seulement à ne pas se brouiller avec les Chambres, et se réfugiant régulièrement derrière un alibi, il se lavait les mains de tous les événements prévus et imprévus.

La Cochinchine, l'Annam et le Tonkin sont ainsi devenus une pépinière commode de postes lucratifs bons pour évacuer à une distance raisonnable les solliciteurs inoccupés, les favoris des Députés influents, et jusqu'aux Chefs par trop encombrants des groupes redoutés, dont on voulait se débarrasser.

Si la fortune voulait que ces fonctionnaires chargés parfois sans aucune préparation des mandats les plus graves, fussent intelligents et actifs, il n'y avait que demi-mal, mais ils faisaient en tout cas leur école aux dépens du budget et de la sécurité de nos plus belles possessions.

Ainsi, voit-on un Gouverneur investi d'une dictature presque effrayante, lui permettant de mener de front, l'Armée, la Marine, les Colons et les races Indigènes.

Il était donc urgent de créer enfin un Ministère des Colonies, qui avec son armée spéciale protégera nos nationaux et permettra à l'Épargne française de porter son argent dans les entreprises nationales, au lieu d'aller engloutir avec un emballement et un engouement incompréhensibles, plus d'un milliard dans des entreprises telles que le Panama.

Espérons que cette leçon salutaire servira à nos compatriotes et les décidera à placer dans l'avenir leurs fonds disponibles dans l'exploitation de notre plus belle Colonie.

Car ce sont les Capitaux qu'il faut, pour l'exploitation des diverses richesses que l'on découvrira dans les régions montagneuses encore peu connues, lorsque la tranquillité y aura été complètement rétablie.

Il est profondément triste en effet, de penser qu'aux portes du Tonkin même, la mine d'Hongay a été exploitée, dès ses débuts, grâce aux capitaux d'une société Anglaise, ce qui montre assez combien nous sommes peu méthodiques, et que nous faisons des Colonies pour enrichir les autres peuples, sans en retirer aucun profit pour nous-mêmes, à cause de notre esprit par trop casanier.

Formons donc des Sociétés, car ce n'est que par ce seul moyen que nous pourrons donner à notre belle Colonie la prospérité que nous sommes en droit d'attendre d'elle.

N'est-ce d'ailleurs pas le système employé par les Anglais, pour lesquels l'art de coloniser n'a aucun secret !

Les Chinois eux-mêmes n'agissent pas autrement, et sont tous formés en Congrégations.

Le Fils du Ciel que nous rencontrons dans le plus petit de nos postes, dans les endroits les plus éloignés, n'est pas seul en effet, il est avéré pour tous qu'il a derrière lui la Congrégation qui le soutient et dont il n'est que le simple représentant.

Au Tonkin, plus que partout ailleurs; l'Union fait la Force, et c'est en s'organisant en sociétés que les Colons français pourront lutter avantageusement contre la concurrence Étrangère et faire prévaloir l'influence du commerce Français.

Pour cela, il suffit d'assurer de plus en plus la stabilité du Gouvernement Général Civil de l'Indo-Chine, rétablir l'accord entre les pouvoirs civil et militaire, en laissant à chacun ses attributions bien distinctes et où la poudre doit encore parler, ne pas introduire la politique.

Il y a en effet deux pouvoirs au Tonkin, le pouvoir civil et le pouvoir militaire, or, il y a toujours eu des tiraillements entre ces deux autorités, parce que les attributions de chacune n'ont pas été bien définies.

En tout cas, il est fâcheux de voir la mésintelligence qui règne dans la Colonie, entre civils et militaires; il est certain que l'intérêt général au point de vue de notre influence dans le pays a plutôt à perdre qu'à gagner dans ce dualisme perpétuel.

Si nous voulons donc voir notre autorité s'affirmer et s'accroître au Tonkin, la gloire de la Troisième République, si nous voulons que la population entière nous prête son concours, il faut que nous lui donnions une protection efficace, ce que nous n'avons encore jamais fait jusqu'alors, c'est en leur inspirant pleine et entière confiance, que nous finirons par entraîner les hésitants.

L'Autorité civile fait souvent le grand reproche à l'autorité militaire, d'être trop portée à faire des expéditions, ce qui est tout naturel d'ailleurs, puisque c'est dans son rôle, et lorsque le pouvoir civil a supplanté le pouvoir militaire dans une province par exemple, le premier soin du Résident est de lancer des colonnes dans toute la région sous prétexte de la pacifier.

Que les Résidents fassent donc de la bonne administration et la troupe régulière des opérations militaires où cela est nécessaire, et les affaires de la Colonie n'en iront pas plus mal pour cela!

Conserver aux Gardes Civiles Indigènes le rôle qui leur avait été donné primitivement, c'est-à-dire leur rôle de police.

Tous ces conflits ont toujours été très nuisibles à notre influence dans le pays, mais cela n'implique pas cependant que nous devions l'évacuer.

Qui en effet oserait aujourd'hui prononcer le mot d'évacuation dans l'une des deux Chambres?

Personne, même parmi ceux qui pour des raisons politiques se sont toujours montrés les adversaires de notre extension Coloniale, n'oserait émettre une telle proposition. Nous y sommes, nous y resterons.

Avant que nous possédions le Tonkin, la Cochinchine était la seule de nos Colonies qui ne demandait pas de subsides à la métropole, ses recettes excédant ses dépenses, le Tonkin lui aussi grâce à des Capitaux bien employés et à une Administration intelligente, arrivera dans un délai relativement court à se suffire.

Le Delta comme nous l'avons vu, grâce à ses nombreuses voies de communication, est maintenant très tranquille, la population y est très dense, les cases y débordent de marmaille, les enfants y grouillent.

On y voit la population Indigène se rendant par groupes au marché le plus voisin sur de bonnes routes, très larges, marchant toujours à la file indienne, véritable fourmilière humaine.

Je ne parlerai pas des différentes Industries du Delta, telles que : la Fabrique de papier, la Filature, la Fabrique d'allumettes, etc., à Hanoï; de la Culture du coton, de la soie, du thé, du café, etc., des Exploitations qui sont dues à l'Industrie privée, comme à Lam sur le Loch-Nam, où il y a quelques années seulement on ne trouvait qu'un terrain absolument inculte; de même à Hung-Hoa et sur la

Rivière Noire; du développement de certains centres, comme Phu-Lang-Thuong, qui s'agrandit de jour en jour grâce à la ligne du chemin de fer.

Lang-Son aussi prendra plus d'importance lorsque la ligne y arrivera.

Quiconque compare le Tonkin de 1885 au Tonkin d'aujourd'hui, malgré nos incohérences administratives, ne peut que s'extasier sur la rapidité avec laquelle il a été transformé, à la vue des nombreuses routes qui sillonnent le pays, de la navigation fluviale, quoiqu'il y ait encore de nombreux travaux de dragage à faire, pour rendre tous les arroyos navigables; de l'essor donné de jour en jour aux villes d'Hanoï et d'Haï-Phong; des mines de charbon d'Hongay, Kébao, Dong-Trieu et Tourane.

Un service régulier de chaloupes fluviales confortablement aménagées, vous transporte en 10 ou 12 heures d'Haï-Phong à Hanoï, lorsqu'autrefois on mettait des jours entiers pour s'y rendre par les chaloupes Chinoises, sur lesquelles il fallait faire le trajet au milieu des marchandises, car elles n'avaient même pas une simple cabine pour les passagers.

Le manque de voies de communication a été jusqu'ici un obstacle à l'exploitation des bois et des mines de toutes sortes dans les régions montagneuses, il y a donc là une source nouvelle et importante de richesse et de développement pour ces contrées, en grande partie encore à la merci des bandes de pirates, par conséquent presque désertes et incultes depuis un temps très éloigné.

Je ne suis certainement pas un partisan outré du régime du sabre, la période militaire a été glorieuse et non sans profit, mais l'organisation des immenses territoires conquis, demandera un temps assez long.

Au point où nous en sommes, l'armée ne peut plus être, je le reconnais volontiers, qu'un auxiliaire de cette organisation, c'est donc à la Culture, au Commerce et à l'Industrie, de mettre en œuvre maintenant, ce que l'Armée a conquis.

Mais si le Gouvernement civil est le seul possible actuellement au Tonkin, il est certaines régions dans la partie haute du pays, où l'Autorité civile serait purement nominale puisqu'on ne pourrait y percevoir aucun impôt.

Aussi en a-t-on fait des territoires militaires.

Il me semble même que l'on s'est trop hâté de rétablir la Résidence Civile dans la province de Thaï-Nguyen à la fin de l'année 1892.

On voulait arriver par la politique, je le sais, à la soumission de Luong-Tam-Ky.

En 1890 on faisait un contrat avec ce Chef pirate, lui donnant de grands avantages ainsi qu'à toute sa bande, et on lui imposait quelques obligations qu'il n'a pas tenues d'ailleurs.

12.

On lui accordait une somme mensuelle de 3,500 piastres (14,000 francs), destinée à la solde et à l'entretien de 500 partisans, devant assurer la tranquillité et faire la police de tout le nord de la province, avec la garde de Cho-Chu, l'immunité d'impôt pendant 3 ans dans toute l'étendue du vaste territoire dont l'administration et la garde lui fut confiée.

Ce contrat a été vivement attaqué et avec beaucoup de raison.

Le recul que nous faisions, la reconnaissance officielle d'une usurpation de territoire, ipso facto, rendue légitime, cette grosse somme mensuelle, tout cela a été justement incriminé.

Pendant ces trois années, Luong-Tam-Ky n'a rempli exactement qu'une seule des clauses du traité, c'est de venir mensuellement chercher son indemnité à la caisse du Protectorat.

Quant à faire une partie de route qu'il était tenu de faire de Cho-Moï à Thaï-Nguyen, il n'en a jamais rien été.

Il est en outre avéré que dans tout le pays où il était le maître et où nos troupes n'étaient pas autorisées à aller, il continuait la piraterie.

Tout officier ou Européen qui voulait aller sur le territoire de Luong-Tam-Ky, devait y aller sans armes et sans escorte, et il n'aimait pas beaucoup qu'on lui rendît de trop fréquentes visites.

Mais lorsqu'il envoyait chercher sa solde chaque mois, il faisait mettre les plus beaux vêtements à ses partisans qui venaient en armes à Thaï-Nguyen.

Et parfois, lorsqu'on voyait ainsi partir les caisses de piastres sous l'escorte des Chinois, nos troupes européennes n'avaient pas reçu la solde depuis plus d'un mois.

L'expiration triennale du contrat établi en 1890, a eu lieu en 1893.

Quelle a été à cette échéance l'attitude des Chinois de Cho-Chu!

Je souhaite que cette attitude ait été franche et loyale, que tout se soit traité pacifiquement, que les Taï-Pings et les Pavillons-Noirs se soient rendus avec toutes leurs armes et aient renoncé définitivement à la piraterie.

Mais il est à souhaiter surtout que l'on n'ait pas renouvelé un traité dans le genre de celui de 1890, pour notre dignité Nationale.

L'Autorité a été très bien avisée en retirant les troupes régulières de Cho-Moï, garnison qui n'avait plus sa raison d'être puisqu'elle ne pouvait pas sortir de son poste, sans aller sur le territoire de Luong-Tam Ky, sauf pour venir à Thaï-Nguyen.

On a retiré également la garnison Européenne de Thaï-Nguyen, où deux compagnies de réserve appartenant à la Légion Étrangère, se trouvaient immobilisées.

La présence de ces deux compagnies était certainement bien plus utile dans les régions hautes où on aura pu les employer, et la garde civile indigène, aura été plus dans son rôle en faisant la police dans la province de Thaï-Nguyen.

Après Luong-Tam-Ky, il y a Ba-Ky, bien que l'on pense que sa soumission ne sera pas coûteuse, qui voudra lui aussi toucher une forte indemnité, puis viendra le tour d'A-Coc-Thuong.

Mais n'y aurait-il pas un réel danger à continuer trop longtemps un pareil système, car cet argent ne servira-t-il pas à acheter des armes et des munitions, ou à augmenter l'effectif des bandes pour marcher contre nous?

Et là où la politique aura échoué ne faudra-t-il pas un jour envoyer de fortes colonnes contre ces bandes, pour les anéantir et leur reprendre les armes que nous leur aurons données?

Cela deviendra d'autant plus difficile, que dans ce pays déjà si accidenté par lui-même, elles auront pu se fortifier davantage dans leurs repaires avec notre propre argent.

On verra alors se renouveler les désastres du commencement de 1889 pour la prise de Cho-Moï.

Cette colonne commandée par le Général Borgnis-Desbordes, nous a coûté très cher en officiers et en hommes, sans donner cependant des résultats bien manifestes.

Notre politique doit donc être plus ferme, plus soucieuse des intérêts, des droits et de la dignité de la France, en ne renouvelant pas avec des Chefs pirates un marché de dupes.

Car il ne faudrait pas beaucoup d'événements malheureux pour amener une véritable panique, et provoquer encore une fois de plus le dégoût de la politique Coloniale, si instable, si peu enracinée dans nos mœurs, si frêle.

Ceux qui vont ainsi s'exiler pendant de longues années dans ces pays lointains, sont généralement considérés chez nous comme des gens n'ayant ni foi ni loi, et n'aimant pas la Patrie.

Il semble qu'aimer la Patrie consiste à s'attacher au sol National pendant toute la durée de son existence, y tenant avec l'âpreté du paysan qui l'aime pour lui-même, quand même et le garde jusqu'à la ruine, jusqu'à la faim.

Hallucinés par l'idée constante d'une guerre Européenne, nous paraissons ne plus nous intéresser à rien de ce qui se passe en dehors de nos frontières.

Les yeux constamment tournés vers l'Est, et comme hypnotisés, nous délaissons nos intérêts dans les pays nouveaux, lorsque chaque Nation Européenne poursuit à l'envi la politique Coloniale.

Le patriotisme n'est pas un monopole, aussi peut-on devenir un parfait Tonkinois et rester un excellent Français.

Pour bien se rendre compte de l'amour profond que peut faire naître en nous l'idée de la Patrie, il faut surtout se trouver loin des frontières de la terre sur laquelle on a grandi, aimé.

Après de longs jours passés ainsi bien loin, c'est en approchant du rivage où flotte le drapeau national, que le cœur tressaille et que l'on ressent réellement que l'on aime la Patrie.

Ceux qui parlent le plus souvent de la trouée des Vosges sont peut-être ceux qui y pensent le moins, ceux-là au contraire qui ont vécu pendant une partie de leur existence loin de la Mère-Patrie, combien de fois n'ont-ils pas souffert les angoisses de la Patrie et de la Famille absente, et n'ont-ils pas puisé leur courage dans le sentiment du devoir et dans ce patriotisme profond, le culte de la Patrie ! lorsqu'il s'est agi de tenir haut et ferme le drapeau des Trois Couleurs, quel que soit le point du globe où il flotte.

Après la création de l'Armée Coloniale, le Gouvernement devra en outre se préoccuper de l'achèvement dans le plus bref délai possible des Casernes et Hôpitaux militaires, nécessaires aux troupes.

Il serait aussi utile de faire un Sanatorium dans un endroit sain au Tonkin, comme il s'en trouve sur le littoral, à Do-Son, Quang-Yen par exemple, ou sur des plateaux très élevés dans les pays montagneux.

Les hommes très malades pourraient y être soignés avant leur départ pour la France, de manière à être embarqués comme convalescents, la traversée très salutaire pour des convalescents est en effet généralement très fatigante pour des hommes très malades, car à bord il est très difficile de leur donner tous les soins désirables pendant une traversée de quarante-cinq jours, tant au point de vue du traitement qu'à celui du confort et de l'hygiène.

Les hommes en traitement dans cet établissement qui, bien que situé en pays chaud, devra réunir les avantages principaux des climats tempérés et leur permettre sous l'influence d'une bonne hygiène et du repos complet, de recouvrer de nouvelles forces et d'accroître leur résistance aux causes de la maladie, pourront ainsi retarder leur rapatriement et attendre le moment le plus favorable pour faire la traversée dans les meilleures conditions.

Cela coûtera certainement un peu plus cher au Protectorat qui conservera plus longtemps ces hommes à sa charge, mais ne leur doit-il donc pas quelque sacrifice à ceux qui ne lui ont marchandé ni leur vie ni leur santé !

S'il y a des excédents de recettes en évitant certains gaspillages, les employer enfin à l'amélioration du port d'Haï-Phong et en général de toutes les voies fluviales à l'intérieur, à l'organisation du réseau des voies de communication par terre et autres travaux d'intérêt général.

Montrant bien par là que nous resterons dans ce pays qui a été arrosé du sang de tant de braves, et il nous sera donné de constater un jour que ce sang n'a pas été versé inutilement, mais qu'il a au contraire rendu plus fertile encore ce sol dont la végétation était cependant déjà si luxuriante.

Est-il besoin, pour conserver à la République, je ne dirai pas ce joyau de la couronne, la République n'ayant pas de tête couronnée, mais cette belle conquête, de continuer à verser le sang à profusion ?

Je dirai, non. Ceux qui auront l'honneur d'être préposés dans l'avenir à la garde des Trois Couleurs dans notre jeune Colonie, se pénétreront bien de cet esprit que par leur prudence, ils doivent s'attacher à économiser le sang français et à le réserver pour la défense du sol national, le jour où la Patrie le réclamerait pour combattre quiconque voudrait attenter à son indépendance ou à ses libertés.

FIN.

TABLE DES MATIÈRES.

                                                              Pages

INTRODUCTION.. VII

PREMIÈRE PARTIE.

CONSEILS AVANT L'EMBARQUEMENT POUR LE TONKIN

CHAPITRE I. — Achats à faire avant le départ de France ou d'Algérie... 1

CHAPITRE II. — Vêtements de France à emporter au Tonkin... 15

CHAPITRE III. — Conseils pour l'embarquement et la traversée.. 17

CHAPITRE IV. — Escales pendant la traversée, curiosités à visiter... 31

DEUXIÈME PARTIE.

RECOMMANDATIONS SUR LA MANIÈRE DE VIVRE AU TONKIN.

CHAPITRE I. — Précautions à prendre pour l'acclimatation au Tonkin.. 49

	Pages.
Chapitre II. — De l'hygiène au Tonkin	63
Chapitre III. — De l'alimentation au Tonkin	75
Chapitre IV. — Du logement au Tonkin	87

TROISIÈME PARTIE.

LA GUERRE ACTUELLE AU TONKIN.

Chapitre I. — Renseignements sur les régions montagneuses	99
Chapitre II. — De la tactique des bandes pirates	116
Chapitre III. — Conseils sur la manière de marcher au Tonkin	129
Chapitre IV. — Comment on doit surtout s'attacher à combattre les bandes pirates	142
Conseils généraux	161
Réflexions de l'auteur	183
Conclusion	195

FIN DE LA TABLE.

Augustin CHALLAMEL, éditeur, 5, rue Jacob, Paris

La France en Indo-Chine, par A. BOUINAIS, lieutenant-colonel, membre de la Commission de délimitation du Tonkin, et A. PAULUS, agrégé de l'Université, professeur d'histoire et de géographie. In-18.   3 50

L'Indo-Chine française contemporaine. Cochinchine (2e édition), Cambodge, Tonkin, Annam, par MM. A. BOUINAIS et A. PAULUS. 2 très forts volumes in-8°, ornés de 12 dessins et de trois cartes.   27 50

Indo-Chine, Cochinchine, Cambodge, Annam, Tonkin, par Ch. LEMIRE. 1 beau volume in-8° avec cartes, plans et gravures (4e édition).   7 50

A travers la Cochinchine, par Raoul POSTEL, ancien magistrat à Saïgon. In-18 avec 2 cartes.   3 50

Un an de séjour en Cochinchine, par DELTEIL. In-12, avec carte.   2 50

La Cochinchine française et le royaume de Cambodge, itinéraire de Paris à Saïgon et 2 cartes, par Ch. LEMIRE. In-18, 6e édition mise à jour.   4 »

Éléments de grammaire annamite, par E. DIGUET, capitaine d'infanterie de marine. 1 vol. in-8°.   3 »

Les Animaux domestiques au Tonkin et au Soudan, par BOURGÈS. 1 vol. in-8°.   5 »

Actes de l'État Civil, testaments et procurations reçus en mer aux armées ou aux colonies (Lois du 8 juin 1893), par A. Wilhelm et Trayer. 1 vol. in-18 cartonné toile.   3 50

Carte de l'Indo-Chine, dressée sous les auspices du ministre des Affaires Étrangères et du sous-Secrétaire d'État des Colonies, par MM. les capitaines CUPET, FRIQUEGNON et de MALGLAIVE, membres de la mission PAVIE. 4 feuilles grand-aigle, 4 couleurs, échelle au 1/1.000.000e.   14 »

Même carte en 1 feuille au 1/2.000.000e.   5 »

Carte de la Cochinchine, d'après les documents les plus récents, par le commandant KOCH. 4 feuilles colombier, 5 couleurs, échelle 1/400.000e.   15 »

Carte du Tonkin, par le capitaine NAY. 1 feuille en couleurs, échelle au 1/1.000.000e.   2 »

TYPOGRAPHIE FIRMIN-DIDOT ET Cie. — MESNIL (EURE).

www.ingramcontent.com/pod-product-compliance
Lightning Source LLC
Chambersburg PA
CBHW070632170426
43200CB00010B/1987